改訂新版

超早わかり 国民投票法入門

南部義典 著

C&R研究所

はじめに

　初版（２０１７年2月1日発行）は、国民投票法の入門書として多くの方にご活用をいただきました。著者の能力不足のゆえ、論点のすべてを網羅し切れませんでしたが、多くの方の参考に供することができたのは、この分野の調査研究に携わる者として光栄の極みです。

　一方、この4年半あまり、様々な制度改革の動きがみられました。国民投票の有権者となる年齢が満20歳以上から満18歳以上へと引き下げられたほか（２０１８年6月21日）、有権者の投票環境（利便性）の向上など、いわゆる「公職選挙法並びの7項目」を内容とする改正法が整備されています（２０２１年6月18日公布、9月18日施行）。また、有権者が憲法改正案に対する賛否を判断するプロセスへの影響を排除し、国民投票の公正を担保する観点から、国民投票に際して行われる広告放送（テレビ・ラジオのＣＭ）に対する規制の強化など、国民投票法の制定過程（２００５～07年）でも問題となった件が再び、議論の土俵に上がっています。さらに、インターネット広告（デジタル・プラットフォーム事業者）に対する規制、国民投票運動を行う個人・団体の資金の透明性の確保(収支の公開)、運動費用の支出上限の設定など、新たな検討課題も浮上しています。

そして「令和」という新しい時代が幕を開け、国民の間では、憲法が果たしてきた役割やその将来像について自由に、広く語られるようになりました。何より、新型コロナウイルス感染症のまん延(2020年1月~現在)により、緊急事態下における立法・行政、国と自治体との関係のあり方など、その賛否は別にして、社会的に新たな憲法的課題を抱えるに至っています。国民主権の「原点」の探究として、国民投票の意義をはじめ、憲法改正の手続の流れ、国民投票法の成り立ちや課題について、基礎的なところから知りたい、学びたいというニーズも生まれてきています。

およそ、政治的立場の違いを越えて、誰もが納得できる「公平・公正なルール」を整備する作業に終わりはありません。各種運動競技のルールと同様、国民投票法は、憲法改正に賛成の立場・反対の立場に関係なく、公平・公正な内容で整備・運用される必要があり、不断の見直しが不可欠です。国民投票法は常に、国民主権、民主主義の「試金石」として存在しているといっても過言ではなく、その究極においては、私たち一人ひとりの「主権者力」が問われ続けているのです。

以上の問題意識、国民投票法をめぐる様々な状況変化を踏まえて、初版の内容を更新するため、改訂新版を発刊することとしました。

改訂新版は、初版で扱った論点を大幅に整理し（項目数は53から60に増加）、図表を追加するなど、制度の全体構造をより分かりやすく、かつ深く掘り下げる工夫を施しました。また、巻末には、「国民投票法制関係年表」を新たに掲載しました。改めて、多くの方のお役に立てることを願っています。

なお、初版で取り上げた各種法定年齢の引下げ（18歳成人）の問題は、『［図解］超早わかり18歳成人と法律』（２０１９年２月１日発行）に引き継ぎました。２０２２年４月１日に施行される18歳成年法（民法の一部を改正する法律）の内容をメインに、成年年齢の引下げに関係する法分野（対象となる法律の名称、内容の一覧）、若年者の保護と自立促進のための施策、少年法上限年齢の引下げ、成人式の対象年齢・運営のあり方など、制定当時の情報に基づいて解説しています。別途、必要に応じてご参照下さい。

２０２１年９月

南部　義典

■本書について

- 本書では、法令名の通称、略称を使用します。カッコ内は、法令が公布された年月日（年号は西暦で統一）を示しています。

主に扱う法律	
国民投票法（2007年制定法）	日本国憲法の改正手続に関する法律（2007年5月18日法律第51号）
2014年改正法（第1次改正法）	日本国憲法の改正手続に関する法律の一部を改正する法律（2014年6月20日法律第75号）
2021年改正法（第2次改正法）	日本国憲法の改正手続に関する法律の一部を改正する法律（2021年6月18日法律第76号）
国民投票法施行令	日本国憲法の改正手続に関する法律施行令（2010年5月14日政令第135号）
国民投票法施行規則	日本国憲法の改正手続に関する法律施行規則（2010年5月14日総務省令第61号）
衆規則	衆議院規則（1947年6月28日議決）
衆規程	衆議院憲法審査会規程（2009年6月11日議決）
参規則	参議院規則（1947年6月28日議決）
参規程	参議院憲法審査会規程（2011年5月18日議決）

関係する法律	
18歳選挙権法	公職選挙法等の一部を改正する法律（2015年6月19日法律第85号）
18歳成年法	民法の一部を改正する法律（2018年6月20日法律第59号）
2021年改正少年法	少年法等の一部を改正する法律（2021年5月28日法律第47号）

- 国民投票法第140条、国民投票法施行令第140条により、市に関する規定は「特別区」に適用され、指定都市の区（総合区）は市とみなされます。条文中の「市町村」との文言は、本文中に引用する限りで「市区町村」と改めます。
- 各種法令の最新内容は、政府の「e-Gov法令検索」でご確認下さい。
https://elaws.e-gov.go.jp/

CONTENTS

目次

第1章 憲法改正の手続と国民投票法

第2章 憲法改正原案と憲法審査会

第3章 憲法改正の発議と国会による広報

第4章 投票期日と投票権

ビシッ
放送法

第7章 今後の課題

第8章 国民投票法の歴史 ―制定・改正の経緯―

第1章
憲法改正の手続と国民投票法

SECTION 01

憲法第96条の内容

「改正」の章にある条文

国民投票法は2007年5月14日に成立し、同月18日に公布されました。立法の端緒は、憲法第9章の第96条にあります。

第9章　改正

第96条（憲法改正の発議、国民投票及び公布）

1　この憲法の改正は、各議院の総議員の3分の2以上の賛成で、国会が、これを発議し、国民に提案してその承認を経なければならない。この承認には、特別の国民投票又は国会の定める選挙の際行はれる投票において、その過半数の賛成を必要とする。

2　憲法改正について前項の承認を経たときは、天皇は、国民の名で、この憲法と一体を成すものとして、直ちにこれを公布する。

第1項、第2項を通読すると、

①衆議院、参議院の総ての議員の3分の2以上の賛成で、憲法改正の発議と国民への提案が行われること

②発議と提案の後に国民投票が行われ、過半数の賛成があれば、憲法改正が承認されること

③承認された憲法改正は、天皇が公布すること

を骨格として、憲法改正の手続を定めていることが分かります。

具体項目を定める法律として

しかし、条文上、判然としない点があります。例えば、

❶憲法改正の発議の後、どれくらいの期間を経て国民投票が行われるのか

❷選挙のように、運動規制が掛かるのか（運動の期間、方法、場所、費用支出など）

❸投票資格者（有権者）となるための要件はどのようなものか（年齢、居住期間などの積極

要件、欠格事由などの消極要件）

❹投票用紙はどのような様式で、どのような方法で記載するのか（文字、記号のいずれによるか）

❺第1項の「過半数」の分母の基準は何か（無効投票、棄権者の数を含めるのか）

といった点です。さらに、国会が憲法改正の発議をする前の手続に関しても、

❻議員が憲法改正の原案を所属する議院（衆参）に提出する要件はどのようなものか（賛成議員は何名必要か）

❼衆参各院で、どの委員会が憲法改正の原案を審査するのか

❽❼の委員会の議事運営はどのように行われるのか

といった点も明らかではありません。

これらの点を明確に定める法律が無ければ（法律上の根拠が無いままでは）、憲法改正の手続を進めることができません。ここに、憲法自身が予定している改正の手続に関して、その具体的な内容を定める法律を整備する必要があることが認められます。具体項目のうち、❶から❺までを定めるのが国民投票法であり、❻から❽までを定めるのが国会法です。

SECTION 02

憲法改正の手続の流れ

意外に長い、憲法改正の全行程

SECTION 01で、憲法第96条の内容を確認しました。憲法改正の手続は、

①国会による憲法改正の発議（国民に対する憲法改正の提案）
②国民投票による国民の承認（過半数の賛成）
③天皇による公布

と、3つの段階から成ります。

実際の憲法改正の手続は、次ページの憲法改正の手続の表で示すように22の段階（S1～S22）に分けることができます（国民投票法の制定は、ゼロの段階と整理しました）。各項目は、第2章以下で詳しく解説します。

◉憲法改正の手続　―衆議院先議・参議院後議の場合―

段階 Stage	項目	備考
S 0	国民投票法の制定	2007年5月14日成立、18日公布
S 1	各党個別による、憲法改正項目の検討	↑現在の段階
S 2	各党共同による、憲法改正項目の協議	〝多人多脚走〟のスタートライン
S 3	憲法改正原案の起草	議員との協議を踏まえ、法制局が担当
S 4	各党の了承手続	修正点があればS2・S3に戻る
S 5	憲法改正原案の共同提出	・内容関連事項ごとに区分 ・議員100名以上の賛成
S 6	衆議院本会議における趣旨説明、質疑	
S 7	衆議院憲法審査会における審査	〔複数の会期を跨ぐことを想定〕
S 8	衆議院憲法審査会における採決	出席議員の過半数
S 9	衆議院本会議における審議	憲法審査会長報告、討論
S 10	衆議院本会議における採決	・総議員の3分の2以上（310名以上）の賛成 ・欠席、棄権は「反対投票」と同じ意味
S 11	参議院本会議における趣旨説明、質疑	

S12	参議院憲法審査会における審査	
S13	参議院憲法審査会における採決	出席議員の過半数
S14	参議院本会議における審議	憲法審査会長報告、討論
S15	参議院本会議における採決	・総議員の３分の２以上（１６４名以上）の賛成 ※２０２２年に定数３増のため、１６６名以上となる。 ・欠席、棄権は「反対投票」と同じ意味 ・複数の会期に跨った場合は、参議院本会議における採決（S15）の後、衆議院に送付される。その会期内、衆議院の再度の議決により、憲法改正の発議（S16）となる。
S16	憲法改正の発議	同時に、国民への提案とみなされる。
S17	国民投票の期日の議決	発議と同じ日を想定
S18	憲法改正案の公示、国民投票期日の告示	発議当日の官報（特別号外）掲載を想定
S19	国民投票運動	並行して、国会の「国民投票広報協議会」が活動する
S20	国民投票の期日	期日前投票、不在者投票、在外投票も可能
S21	憲法改正の成立	投票総数の過半数
S22	憲法改正の公布・施行	・公布は「直ちに」行われる ・多人多脚走（S2）の終了

（出典）筆者作成

始終支配する「多人多脚走」の理念

憲法改正の手続では始終、「多人多脚走」の理念が支配します（S2〜22）。

多人多脚走とは、巷の運動会で行われる2人3脚走、3人4脚走などの総称です。複数名の組み合わせで一チームを結成し、横一列に並び、隣りの走者と片足ずつを結んでゴールを目指して走ります。チーム内では個々の歩走能力に較差があるため、最速者は最遅者にペースを合わせる必要があります。誰か一人が実力どおりのフルスピードを出して、チームを先導することは困難です。

何より、第一歩目にいずれの足を出すのか、全員の認識が一致していなければなりません（一致をみていないと、いきなり転倒します）。単独走ではゴールの順位を相争う関係に立ちますが、多人多脚走のメンバーはみな「同士」です。能力差の違いを認めた上で、同じスピードで走ります。一人でもペースが乱れれば、全体が転倒し、失格となります。

ここで多人多脚走の概念を提示する理由は、国会発議の要件（S10、S15）が関係しています。発議には、衆議院で310名以上、参議院で164名以上の議員の賛成が必要です。現在、自民党が衆参両院で「第一会派」の勢力を保持していますが、一党単独で発議要件を超えられる議員数を有していません。

連立内閣のパートナーである公明党や、その他の政党・会派との共同（協力）関係が成立して初めて、発議要件をクリアすることができるのです。衆議院で超えられても、参議院では超えられないことも起こり得ます。法的にも政治的にも、憲法改正の発議が単独走的なプロセスを辿ることはなく、巷でよく言われてきたように、自民党だけを主語に置いた憲法改正論議には、何ら現実性、実益がありません。

現状、各党が個別に方向性を異にする憲法改正提案を行っているにすぎず、多人多脚走のスタートラインに立っている（S2）とは認められません。一部の議員が議論を主導しようとして、立場の違いを際立たせる事態が繰り返されるばかりです。議論の停滞を強行に突破しようとするほど周囲との摩擦を大きくし、さらに遅延させるという「失敗の連鎖」が続いています。

憲法改正論議が軌道に乗るようで乗らない（乗せることができない）のは、多人多脚走に向き合わない政党、議員の態度にこそ根本的な原因があるのです。

SECTION 03

投票箱

憲法改正の形式的限界

憲法の〝全面改正〟は許されない

憲法は、前文に続き、第1章（天皇）から第11章（補則）まで全103か条からなる法典です。これを、憲法第96条の定める手続に従って、丸ごと一括して、全面的に改正をすることができるかどうか、同条の解釈として従来から議論があるところです。

争いありますが、憲法は、このような全面改正を許さないとする立場であると解されます。法形式上の根拠となるのが、憲法第96条第2項の「この憲法と一体を成すものとして」という文言です。英語の原文では、"as an integral part of this Constitution"となっています。

現行の憲法に対して、新しい文言や条文を追加したり、条文の一部を削除することは、「一体を成すもの」の範囲内での改正といえます。しかし、全面改正は、条文のすべてが新しいものに、形式的に取って替わることになるので、「この憲法と一体を成すもの」には該らないのです。

例えば、家屋の修繕か、建替えかの違いを想像すれば、全面改正は明らかに「建替え」です。修繕を何度も繰り返せば、建替えに近い結果にはなりますが、両者は質的に異なります。

全面改正は、憲法の改正ではなく(その限界を超え)、むしろ新しい憲法を制定する行為であると評価すべきです。

"一部改正"を前提とする憲法と国民投票法

国家が戦争に敗れ、占領された場合や、国内で大規模な革命行為が勃発し、憲法が機能停止に陥った場合などでは、新たな政治秩序を構築するため、旧憲

憲法改正の一部改正と全面改正のイメージ

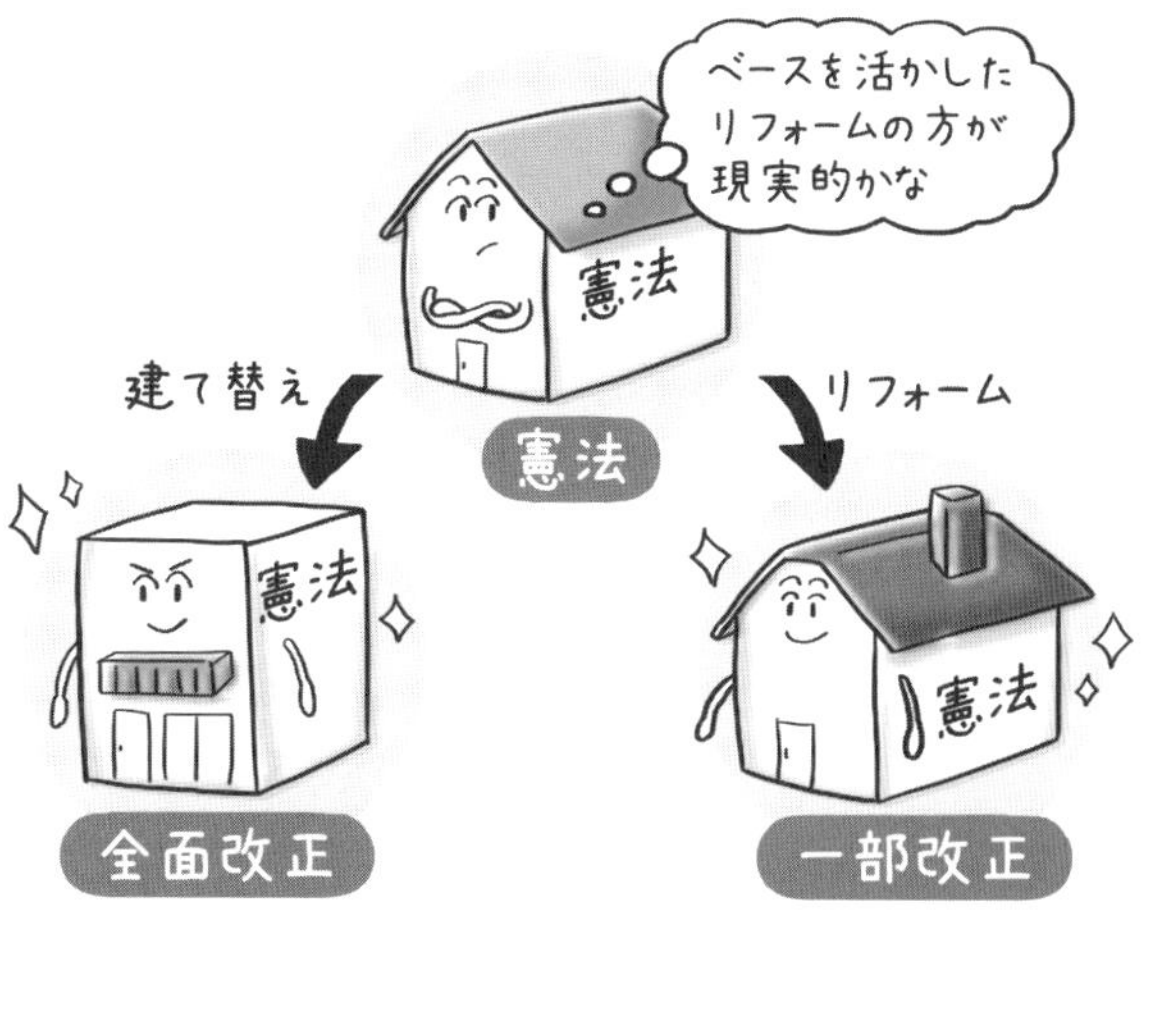

法に替わる新憲法が制定されることがあります。しかし、憲法第96条は前節の意味における「改正」の手続を定めるものであり、通常、同条に従って（新憲法の）「制定」を行うことは、論理的に不可能です。

議論の第一歩はあくまで、現行憲法が有効に存続することを前提に、もし改正すべき点があるとすれば何か（どの規定か）、改正すべき点の具体的な条文案（イメージ）に関して、各政党・会派の間で幅広い合意を得られるのかといった視点を共有しつつ、静かに踏み出す必要があります。憲法改正の方式としては、一部改正（個別改正）だけが許されます。

SECTION 04

投票箱

憲法改正の実質的限界

「内容上の限界」もある憲法改正

ＳＥＣＴＩＯＮ 03では、憲法の全面改正は論理的に認められず、一部改正のみが許されることを確認しました。これは、憲法改正の形式上の問題（限界）です。

それでは、一部改正の形式であれば、どのような内容の改正でも許されるのでしょうか。外国の憲法には「改正禁止条項」を置いている例がありますが（フランス憲法第89条第5項、イタリア憲法第１３９条、ドイツ基本法第79条第3項など）、日本国憲法にはそのような規定は存在しません。憲法第96条の手続に従っても、改正してはいけない規定があるのか

どうか、問題となります。

この点は、憲法が制定された時点で、どのような基本理念が採用されたか、その上で、憲法の前文、憲法の各章、各条がどのような内容、位置付けになっているのか、憲法第96条との関係で理解する必要があります。

憲法前文の第一文(冒頭の一文)は、次のように憲法制定の基本理念を謳っています。

〔前文・第一文〕
日本国民は、正当に選挙された国会における代表者を通じて行動し、われらとわれらの子孫のために、諸国民との協和による成果と、わが国全土にわたって自由のもたらす恵沢を確保し、政府の行為によって再び戦争の惨禍が起ることのないやうにすることを決意し、ここに主権が国民に存することを宣言し、この憲法を確定する。そもそも国政は、国民の厳粛な信託によるものであって、その権威は国民に由来し、その権力は国民の代表者がこれを行使し、その福利は国民がこれを享受する。これは人類普遍の原理であり、この憲法は、かかる原理に基くものである。われらは、これに反する一切の憲法、法令及び詔勅を排除する。

前文の第一文で示されているように、憲法は、国民の権利・自由を保障することを最大の目標とし、国の統治のあり方を決めるルールとして制定されています。主語は「日本国民」です。この基礎にある考え方が「立憲主義」です。公権力行使の限界を定めることに、憲法の本質があります。憲法制定の基本理念は永久に不変である、という前提で憲法全体を見渡すと、改正してはいけない内容は、次のように考えられます。

第一に、国民主権の原理が挙げられます。大日本帝国（明治）憲法では、天皇が主権者でしたが、日本国憲法では天皇に替わって、国民が主権者となりました。憲法をいったん制定した後、その力は「憲法を改正する権利」として形を変えています。憲法改正権の行使を通じて、国民主権の原理を否定することは、主権者としての属性ないし性格を「自己否定」することになってしまいます。これは法理に反し、許されません。

第二に、国民主権の原理に密接に結びついている、自由主義、人権尊重主義、平和主義、民主主義、権力分立主義といった基本原理も、改正することはできません。1946年当時、制憲者であった国民の意思に反し、憲法の根幹にある理念ないし価値を棄て、その実質を変えてしまうことになるからです。逆に、基本原理を維持する範囲内での改正であれば、許されると考えられます。

第三に、「永久に」という文言が含まれる憲法第9条第1項、第11条および第97条の規定です。例えば、第11条の後段は「この憲法が国民に保障する基本的人権は、侵すことのできない永久の権利として、現在及び将来の国民に与へられる。」と定めています。憲法制定時に「永久の権利」と定めたものを、一定期間が経過した後、権利の性格を変え、その永久性を否定してしまうことは、論理的に相容れず、成り立ちません。

以上のとおり、憲法改正には内容上の限界があり、憲法第96条の手続によっても改正することができない基本原理、規定がある(第96条の上位にある概念)と解されます。その帰結として、国会議員は、憲法改正の内容上の限界を超える憲法改正原案を提出することは許されません。

SECTION 05

投票箱

国民投票法制の全体構造

各章・各節の見出し

国民投票法の全体構造です。各章・各節の見出しは、次のとおりです。

第１章　総則（第１条）
第２章　国民投票の実施
第１節　総則（第２条～第10条）
第２節　国民投票広報協議会及び国民投票に関する周知（第11条～第19条）
第３節　投票人名簿（第20条～第32条）
第４節　在外投票人名簿（第33条～第46条）
第５節　投票及び開票（第47条～第88条）
第６節　国民投票分会及び国民投票会（第89条～第99条）
第７節　国民投票運動（第１００条～第１０８条）

第8節　罰則（第109条〜第125条の2）
第3章　国民投票の効果（第126条）
第4章　国民投票無効の訴訟等
第1節　国民投票無効の訴訟（第127条〜第134条）
第2節　再投票及び更正決定（第135条）
第5章　補則（第136条〜第150条）
第6章　憲法改正の発議のための国会法の一部改正（第151条）
附則

国民投票法は、6つの章と附則から成り立っています。条文数の上では、第2章「国民投票の実施」がその大半を占めます。投票人名簿・在外投票人名簿の調製、投票・開票の手続に関する規定など、実務的な内容です。さらにその細則は、内閣が定める命令（政令＝国民投票法施行令）、総務大臣が定める命令（総務省令＝国民投票法施行規則）が定めています。

国会法の一部改正も含む

第6章のタイトルは「憲法改正の発議のための国会法の一部改正」です。国会法の改正部分は、憲法改正原案の提出と審査、憲法審査会、国民投票広報協議会に関する規定などです。

2007年制定法が国会法の改正を含めたのは、立案当時（2006年）、ある「難題」が指摘されていたからです。憲法第96条に関して、①国会が憲法改正の発議（国民への提案）をするまでの手続（第1項前段）は国会法が、②発議後、国民投票が行われ、国民の承認を経た場合の公布の手続まで（第1項後段、第2項）は国民投票法が規律するという法律上の「守備範囲」の整理が事前になされていたものの、①の国会法改正案の審査は衆参の議院運営委員会が（衆規則第92条第16号、参規則第74条第16号）、②の国民投票法案（新規）の審査は衆参の日本国憲法に関する調査特別委員会が別々に所管し、法案審査が分離されてしまうという問題が懸念されていたのです。国会法改正と国民投票法の制定の時期が一致せず、両者が一体として整備されないことになると、中途半端な手続法制が出来上がってしまいます。

各党・会派の協議と調整の結果、国会法改正部分を国民投票法に取り込むことによって、日本国憲法に関する調査特別委員会に法案審査を一元化することで合意が整いました。第6章は、難題解決の名残です。

議事運営等に関するルール

改正された部分を含め、憲法改正の発議に至るすべての手続を国会法が定めているわけではありません。国会法とは別に衆議院規則、参議院規則が制定されているほか、憲法審査会の組織、議事運営等に関して、衆参各院で「憲法審査会規程」が定められています。全体は、下図のような重層構造です。

国民投票法制の全体構造

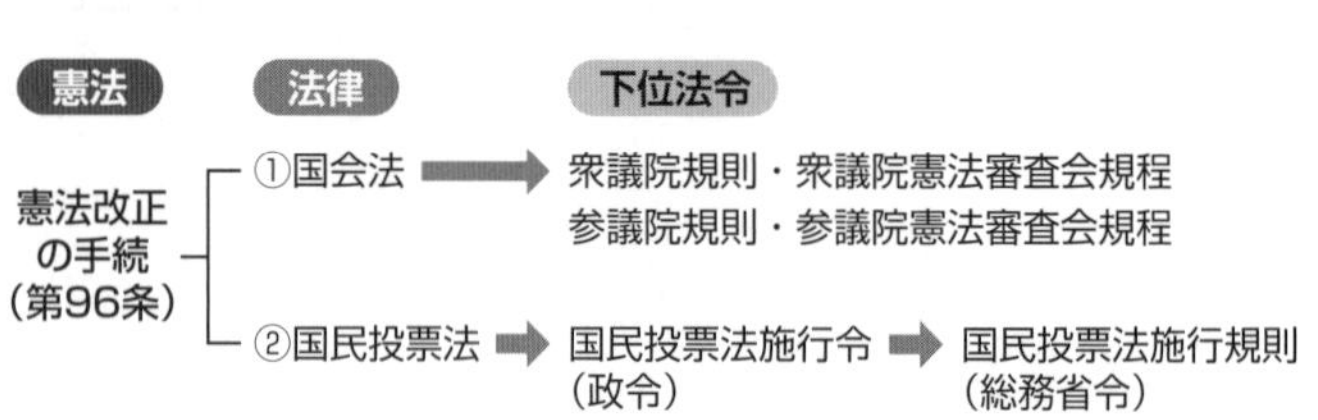

第2章
憲法改正原案と憲法審査会

SECTION 06

憲法改正原案の形式

憲法改正原案とは

憲法改正原案とは、衆参の議員がその所属する議院に提出する「日本国憲法の改正案の原案」のことです（国会法第68条の2）。法律案、予算、条約などと並んで、国会で扱われる議案の一形式です。以下、3つの原案を例示します。

原案例①　議員による遠隔投票（議場外投票）の明確化

近年、国会改革の観点から、女性議員が妊娠、出産等の事情で本会議に出席し、表決に加わることができない場合に、インターネット通信端末を利用して遠隔投票ができるようにすべきとの提案がなされています。また、新型コロナウイルス感染症のまん延以降、議場において議員どうしが密接した状態で着席し、万が一、感染が拡大することにならないよう、議場外での投票を一般的に容認すべきと、自民党の若手議員などから提言が行われています。

衆参本会議の定足数と表決に関して定める憲法第56条は、議員の「出席」を求め、衆規則第148条、参規則第135条は「現場表決の原則」を定めています。例外を設けることに関しては、衆参の規則改正のみで可能となるという見解もありますが、憲法上の疑義が残るので憲法改正を要するという意見もあります。

①は後者の立場から、遠隔投票に憲法上の根拠を与える内容(憲法第56条に第3項を追加する)です。

原案例① 議員による遠隔投票の明確化

日本国憲法の一部を次のように改正する。

第56条に次の一項を加える。

3 前項までの規定にかかわらず、議員が妊娠、出産等の理由で会議に出席することができないときは、別に法律で定めるところにより、通信端末機器を利用した方法により表決に加わることができる。

附 則

（施行期日）
第１条　この憲法改正は、公布の日から3月を経過した日から施行する。ただし、次条の規定は、公布の日から施行する。
（施行に必要な準備行為）
第２条　この憲法改正を施行するために必要な法律の制定及び改廃その他この憲法改正を施行するのに必要な準備行為は、この憲法改正の施行の日よりも前に行うことができる。

理　由

我が国における昨今の女性の社会進出の拡大に伴い、議員に妊娠、出産等の理由があっても通信端末機器を利用した方法により表決を行うことができること等となるよう、憲法上の根拠を明確にする必要がある。これが、この憲法改正原案を提出する理由である。

原案例②　同性婚の明確化

憲法第24条第1項は「婚姻は、両性の合意のみに基いて成立し、夫婦が同等の権利を有することを基本として、相互の協力により、維持されなければならない。」と定めています。「両性」「夫婦」という文言から明らかなように、異性婚（男性と女性による婚姻）を前提とした規定です（ちなみに憲法には、第42条等で「両議院」という文言が見られますが、ここでは衆議院と参議院という二つの機関を示しています。異なるものどうしを合わせ指す場合に、憲法は「両」という一字を当てています）。現行憲法よりはるかに古く、1896年4月に制定され、その後幾度となく家族法制が改正された民法（第4編）も、異性婚を前提にした立場です。しかし近年、個人の価値観、生活様式が多様化する中で、同性どうし（男性と男性、女性と女性）が家族を形成し、一定の相互協力の下で生活を営む例が増えてきています。国の法令レベルで同性婚は認められないものの、福祉、社会保障の場面等における不平等を生み、固定化させないよう、自治体の条例レベルで「同性パートナーシップ」を容認する例も出てきています。

憲法上、同性婚を権利として明確化すべきとの主張も高まってきています。国民民主党憲法調査会「憲法改正に向けた論点整理」（2020年12月4日）では、憲法第24条第1項の「両性」「夫婦」を「両者」（性の別を問わない）に改正すべきことが提案されています。これを原案例②として示します。

原案例② 同性婚の明確化

日本国憲法の一部を次のように改正する。

第24条第1項中「両性」及び「夫婦」を「両者」に改める。

附 則

（施行期日）

第1条 この憲法改正は、公布の日から1年を経過した日から施行する。ただし、次条の規定は、公布の日から施行する。

（施行に必要な準備行為）

第2条 この憲法改正を施行するために必要な法律の制定及び改廃その他この憲法改正を施行するのに必要な準備行為は、この憲法改正の施行の日よりも前に行うことができる。

理 由

近年、個人の価値観、生活様式が多様化し、家族のあり方について社会の意識が大きく変化している中において、異性間によるもののほかに、同性間による婚姻を認める必要がある。これが、この憲法改正原案を提出する理由である。

原案例③　教育の充実

自民党憲法改正推進本部は、国民誰もが家庭の経済事情に左右されることなく、質の高い教育を享受できる社会を構築する必要があるとし、憲法第26条および第89条の改正を提案しています(「憲法改正に関する議論の状況について」2018年3月26日)。複数の条文改正が、一つの憲法改正原案に含まれる例です。

原案例③　教育の充実

日本国憲法の一部を次のように改正する。
第26条に次の一項を加える。
3　国は、教育が国民一人一人の人格の完成を目指し、その幸福の追求に欠くことのできないものであり、かつ、国の未来を切り拓く上で極めて重要な役割を担うものであることに鑑み、各個人の経済的理由にかかわらず教育を受ける機会を確保することを含め、教育環境の整備に努めなければならない。
第89条中「公の支配に属しない」を「公の監督が及ばない」に改める。

附　則

（施行期日）
第1条　この憲法改正は、公布の日から1年を経過した日から施行する。ただし、次条の規定は、公布の日から施行する。
（施行に必要な準備行為）
第2条　この憲法改正を施行するために必要な法律の制定及び改廃その他この憲法改正を施行するのに必要な準備行為は、この憲法改正の施行の日よりも前に行うことができる。

理　由

幼児教育から高等教育に至るまで教育が果たすべき役割の重要性に鑑み、その環境整備を一層充実させる必要がある。これが、この憲法改正原案を提出する理由である。

原案例①から③まで例示しましたが、改正「本文」に続いて、施行期日などを定める「附則」、原案提出の「理由」の三部構成となる点で共通しています。テーマによっては、条文の数がさらに増え、構造がかなり複雑になることもあります。国民投票では、これらすべての内容が賛成または反対の判断要素となります。

SECTION 07

投票箱

憲法改正原案の提出手続

提出者とは別に、一定数以上の賛成者が必要

衆参議員が、その所属する議院で憲法改正原案を提出(法律上、正しくは「発議」ですが、憲法改正の「発議」と紛らわしいため、本書では「提出」と言い換えます)する手続について解説します。

まず、国会法は、憲法改正原案の提出者となる人数に、上限も下限も定めていません。理論上は議員1名でも可能ですが、SECTION 02で解説したとおり、与野党を超えた複数会派による共同提出が前提になります。衆議院でも参議院でも同じです。

イメージ的には、A会派から4名、B会派から3名、C会派から2名、D会派から1名、計10名の議員が共同提出をするといった具合に、超党派による共同行為となります。通常の法律案と同様、一定規模の会派からは2名以上の議員が提出者に名を連ねます。複数名いないと、衆参の本会議における憲法改正原案の趣旨説明・質疑や

憲法審査会における憲法改正原案の審査が行われる間、1名の提出者が所属会派を代表して答弁のすべてを担当しなければならなくなり、過重な負担が掛かってしまいます。

憲法改正原案を提出するには、提出者とは別に、一定数以上の賛成者も必要です。衆議院では100名以上、参議院では50名以上を要します（国会法第68条の2）。提出者、賛成者の双方が揃えば、所属議院の議長宛に憲法改正原案を提出することになります。

合意対象は、改正案の本文だけではない

憲法改正原案は複数会派の議員による共同提出が前提ですが、提出会派間では憲法改正原案の内容だけ合意が整っていればいいわけではありません。他にも、共通認識を持っておくべき事項があります。

第一に、憲法附属法の概要についてです。SECTION 06の原案例①では、「法律の定めるところにより」という文言が出てきますが（改正後の第56条第3項）、この法律の内容について提出者間の理解（イメージ）が異なっていれば、本会議における

憲法改正原案の趣旨説明・質疑や憲法審査会における憲法改正原案の審査で答弁矛盾（認識の相違）が露呈することとなり、審査が混乱する原因となります。

第二に、国民投票で憲法改正案の承認が得られなかった場合の「政治的解決」のあり方についてです。原案例では示していませんが、近年議論となった「憲法第９条を改正し、自衛隊を明記する案」では、特に深刻な問題が発生します。改正案の承認が得られなかった場合、自衛隊の地位は変わらない（「戦力」には該らないものとして合憲）という現状維持的な立場もあれば、将来的に否定されるという立場もあり得ます。全提出者の見解が一致していなければ、答弁矛盾が噴き出すのは時間の問題となります。仮に発議に漕ぎ付けても、国民投票において承認されないというリスクを抱えるのです。

SECTION 08 投票箱

内容関連事項ごとの区分

一括りの憲法改正原案は許される?

SECTION 06で示した原案例①〜③は、それぞれ別個(3個)の憲法改正原案であるという前提で解説しました。では、これらを「①議員の遠隔投票+②同性婚+③教育充実」と一絡げにし、一本の憲法改正原案として提出することは許されるのでしょうか。

この場合に問題となるのは、国民投票法第47条が、憲法改正案ごとに投票人に1枚の投票用紙を与え、投票を行わせること(一人一票)を定めているため、あまりにも内容が混在していると判断に迷い、「投票不能」という事態に陥りかねないことです。逆に言えば、投票用紙が1枚しか与えられないと、①か

ら③まで「すべて賛成」「すべて反対」あるいは「棄権」という態度でしか、投票に臨めなくなってしまうのです。

衆議院議員の総選挙のさい、投票所では、小選挙区選挙の投票用紙、比例ブロック選挙の投票用紙、さらに最高裁判所裁判官国民審査の審査用紙の計3枚を交付されて、個別に投票(審査)することを想起してください。この場合、1枚の投票用紙しか交付されなければ、まさしく投票(審査)不能となってしまいます。

内容区分ルールの意義

国会法第68条の3は、衆参議員が憲法改正原案を提出するに当たっては、「内容において関連する事項ごとに区分して行う」ことを定めています。これを内容区分ルールといいます。

内容区分の判断基準は、(A)個別の憲法政策ごとに民意を問うという要請、(B)相互に矛盾のない憲法体系を構築するという要請、のバランスです。(A)は、できるだけ細かく区分すべきこと、(B)は、あまり細かく区分しすぎないことを要請しています。内容区分ルールは、憲法改正原案の大きさの問題です。

国民主権原理を重視すれば、主権者である国民の意思ができるだけ細かく、正確に、憲法(改正)に反映されることが求められます。逆に、多くの内容が盛り込まれた憲法改正原案は、国民の意思の反映を曖昧なものにし、その限りで国民主権原理を損ねることになります。憲法改正原案の提出以前の問題として、その作成に当たっては、あくまで、(B)の体系的な矛盾が生じる手前まで、(A)を厳格に当てはめていくことが基本です。これは、提出を予定する複数の政党会派の共同作業になります。

この判断基準に従えば、原案例①から③までは、憲法政策上その内容が相異なることは明らかであり、1本の憲法改正原案としてまとめて提出することはできません。

「逐条ごと」の提出・投票を意味しない

内容区分の判断は、前記(A)と(B)のバランスによります。この点、憲法改正原案の提出(および国民投票)は、改正案の条文一つずつを対象(逐条ごと)に行われるという言説を時折見かけますが、誤りです。(A)と(B)のあてはめの判断の結果として「逐条ごと」になることはあっても、必然的にそうなるわけではありません。

原案例③では、憲法第26条と第89条の改正がセットになっていますが、「教育の充実」

という一つの憲法政策として内容上のまとまりがあるため、1本の憲法改正原案に含めることが許容されるのです。

要件と効果の双方を含む緊急事態条項

SECTION 06で例示はしていませんが、いわゆる緊急事態条項の新設を内容とする憲法改正原案は、いかなる場合に緊急事態となるのかを定める規定（要件規定）と、緊急事態になった場合にいかなる効果が及ぶのかを定める規定（効果規定）から成ります。要件規定と効果規定は、論理の上で独立・無関係に存在することができないので（国民投票でいずれか一方のみ承認されても、憲法体系として正しく成立、機能しない）、憲法改正原案の形式上は必ず、一体のものとして扱われます。

ただし、それらの規定において複数の内容が含まれている場合、憲法政策が異なるといえるもの（効果規定としては例えば、通信の自由等の制約、法律と同等の形式的効力を有する政令の制定、議員任期の延長等の特例など）については、原案を分離することを要し、その結果、数次にわたる発議（国民投票）を行うことになると考えられます。

SECTION 09

投票箱

内閣の提出権

政府見解は「肯定」

内閣は憲法改正原案を国会に提出することができるのかどうか、憲法上は明確でありません。

政府見解は一貫して、提出権を肯定しています。内閣総理大臣が内閣を代表して議案を提出する権限を定めた憲法第72条、内閣法第5条を根拠に「議案には憲法改正原案も含まれる」と解釈しています。また、内閣の提出権を肯定したとしても、当該憲法改正原案が憲法審査会に付託された後の手続は、議員提出による場合と異ならず、国会の審議権を侵すことはなく問題はない、という点を根拠にしています。

政治論としては「可能性ゼロ」

解釈論として内閣の原案提出権を肯定するとしても、実際に提出するかどうかは、別の問題です。政治論として、提出の可能性はゼロであると解されます。

理由の第一は、専任の国務大臣を置く余裕がないという点です。内閣提出があった場合、衆参の憲法審査会の答弁は一般的には内閣官房長官が担うと考えられますが、複数の国会会期を跨ぐなどして審査が長期間になると、負担が過重に掛かるばかりです。仮に、専任の国務大臣を置くとしても、通常、内閣提出の法律案、予算等の委員会審査（衆参ともに週2～3回）の出席・答弁に掛かり切りになることを考慮すれば、到底、憲法審査会に臨む余裕はありません。逆に言えば、内閣の負担が重くなればなるほど、通常の議案審査に遅れが生じるなど国会運営全体に支障が生じるので、政府・与党自体が内閣提出に否定的な立場を採らざるを得ません。

理由の第二は、野党会派の反発を招くという点です。「各議院の総議員の3分の2以上の賛成」という発議要件は通常、与党会派だけで充たせるものではありません。野党会派を外すという選択がかえって反発を招き、国会発議のハードルを上げることになってしまいます。結局、提出の実績を作るだけになり、発議失敗のリスクを高めるだけであれば、自制する方が政治的に賢明な判断となります。

SECTION 10

投票箱

国民による憲法改正請願

憲法改正の請願

国民は日常的に、国会議員に対して「憲法のどの部分を改正してほしい」、または「改正しないでほしい」という意見を、具体的提案を含めて伝えることができます。メール、SNSなど任意に手段を選びながら、議員とのコミュニケーションを図ることが可能です。

また、請願という、憲法上認められたフォーマルな制度を利用することもできます（憲法第16条）。国会法、請願法が、その手続を定めています。請願をする者は、衆議院議員、参議院議員いずれかの紹介を受けて、憲法改正に関する請願を提出することができます（国会法第79条）。請願は、紹介議員が所属する議院の議長が名宛人となります。

請願とは、読んで字のごとく「請い願う」ことです。例えば、私が、ある衆議院議員の紹介を受けて、「憲法◯◯条の改正を求める請願」を衆議院に提出したとします。

この場合、私は、憲法○○条の改正原案を作成し、憲法審査会で審査を始めるようにと、議員に命じることまではできません（紹介議員は、私の請願の内容に拘束されません）。私が行使する請願権は、「私の請願を受理して下さい」と請求する（お願いする）ことにとどまります。

私の請願は、その後、衆議院の憲法審査会に送付されます。請願の審査が行われ、採択されれば、その内容に従って、議論が進むことになります。採択は全会一致で行われることが慣例で、その採否は幹事会（SECTION 11で解説します）であらかじめ決定されます。採択されなければ、何ら政治的な効力も持ちえません。

国民による憲法改正の提案

現在の国会の運用では、請願の審査は十分に行われていません。国会の会期末（最終日）に、各委員会は請願の審査を「保留」にするとし、決裁済みにしてしまいます。請願を保留扱いにすることを会期末に議決し、次の会期に引き継がないことは、事実上、不採択と同じ結果になります。

憲法改正発議請求権の検討

将来的な課題ですが、憲法改正に関する提案を、憲法上の権利として明確に位置付けるべきとの議論もあります。国民が国会に対して、憲法改正の発議をするように請求することができる権利（憲法改正発議請求権）を制度化するのです。

一案として示せば、有権者のうち何名か（何十名か）が代表者となり、一定の期間内における一定数以上の有効な署名（例えば、6か月以内、100万名以上の有効署名）を添えて、衆参議長に憲法改正発議の請求をすることができるとするものです。

請求の後、憲法改正原案の審査を衆議院、参議院のいずれから始めるかについては、両議院の議長が協議の上、決めることになるでしょう。また、国民から一定の署名が集まっている事実を踏まえると、国会発議の要件を「総議員の3分の2以上」から「総議員の5分の3以上」という具合に、若干引き下げることも検討に値します。

いずれにせよ、国民の憲法改正発議請求権は、憲法上の根拠が必要です。憲法を改正した上で、必要な法律を整備する必要があります。

SECTION 11

憲法審査会の組織と運用

当初は「看板」だけだった審査会

国民投票法は、2007年5月18日に公布されました。憲法審査会の設置等に関する国会法の規定は、憲法改正原案の提出等に関する一部の規定を除いて、「(法律の)公布後初めて召集される国会の召集日」つまり第167回国会(臨時会)の召集日である2007年8月7日に施行されました。形式上はこの日、衆参両院に憲法審査会が設置されたことになります(2007年制定法附則第1条但書)。

しかし、憲法審査会の委員数、議事手続など、組織と運用に関するルールを定める「憲法審査会規程」の議決が衆参ともに遅れ、実際には第167回国会から始動しませんでした。言わば、衆参両院に憲法審査会という「看板」だけが掛かった状態に陥ったのです。

その後長らく、憲法審査会規程の議決が行われないことが「立法不作為」に当たるといった指摘もなされる中、衆議院では2009年6月11日に、参議院では2011

年5月18日にようやく憲法審査会規程が議決されました。憲法審査会は衆参揃って、第179回国会（臨時会、2011年10月20日召集）から始動しています。

憲法審査会の組織と運用

❶組織

憲法審査会の委員数については、衆議院50人、参議院45人と定められています（衆規程第2条、参規程第2条）。この点、衆参の議員定数はそれぞれ465、245であることから（公職選挙法第4条第1項第2項。参議院は2022年の通常選挙より「3増」の248になります）、参議院憲法審査会の委員数は衆議院の半分程度でもよいとも考えられます。しかし、委員数の配分は議院の慣例上、会派所属議員数に按分して割り当てられることから、小規模な会派が多い参議院では、全体の委員数が少ないと委員を出せない会派が生じてしまいます。そのため、他の常任委員会も同様ですが、参議院憲法審査会の委員数は多く設定されています。

憲法審査会には会長1名のほか、幹事数名が置かれます（衆規程第4条、第6条第1項、参規程第4条、第6条第1項）。幹事の数は、各議院の議院運営委員会が協議、決定します。現在、衆議院憲法審査会は9名、参議院憲法審査会は10名の幹事が与野党会派から互選されています。なお、野党第一会派の幹事（筆頭幹事）は慣例（幹事会の申合せ）により、会長代理に指名されます。

憲法審査会の運営について協議するため、幹事会（衆規程第6条第2項、参規程第6条第2項）、幹事懇談会ないし意見交換会が開かれます（不定期）。幹事懇談会は与党側、野党側に分かれて開かれることもあります。通常は、与党筆頭幹事と野党筆頭幹事の協議・合意に基づいて（筆頭間協議）、運営方針が実質的に決定されます。

❷運用

憲法審査会の定足数（会議を開くのに必要な委員数）は、委員の過半数です（衆規程第10条、参規程第10条）。議事は、出席委員の過半数で決せられます（衆規程第11条、参規程第11条）。採決のさい、可否同数のときは、会長が決します。

憲法審査会には定例日（会期中）が設けられています。慣例により、衆議院が木曜日、参議院が水曜日となっています。

衆参いずれも例がありませんが、議案審査等の目的で小委員会を設けることができます(衆規程第7条、参規程第7条)。

❸議事運営上の特則

第一に、委員会審査省略制度の不適用が挙げられます。

国会法第56条第2項は「議案が発議又は提出されたときは、議長は、これを適当の委員会に付託し、その審議を経て会議に付する。但し、特に緊急を要するものは、発議者又は提出者の要求に基き、議院の議決で委員会の審査を省略することができる。」と規定しています。但書の部分は「委員会審査省略」といい、議院運営委員会の協議・合意の下、法案を迅速に処理したい場合に使われる手法です。国会法第102条の9は、委員会に関する規定の憲法審査会に対する準用を定めていますが、第56条但書を除外しており、審査省略を認めないこととしています(同様に、衆規程第26条は衆規則第111条を準用せず、参規程第26条は参規則第26条を準用していません)。憲法改正原案という議案の重要性、特殊性に鑑み、憲法審査会における慎重な審査を要求しているのです。

第二に、中間報告制度の不適用が挙げられます。

国会法第56条の3第1項は「各議院は、委員会の審査中の案件について特に必要があるときは、中間報告を求めることができる。」と規定しています。中間報告は、法案審査の途中打ち切りを狙って用いられることがある制度ですが、第102条の9は第56条の3の準用を外しています。憲法改正原案という議案の重要性、特殊性に鑑み、憲法審査会では十分に質疑を行い、終局させた上で、採決を行うべきことになります。

第三に、憲法改正原案に関して、公聴会の開催を義務付けていることです（衆規程第17条第2項、参規程第17条第2項）。

現行制度上、総予算、重要な歳入法案については公聴会の開催が義務付けられており（国会法第51条第2項）、憲法改正原案もこれに倣ったものです。

憲法審査会の所管事項

❶ 法制調査

憲法審査会は、「日本国憲法及び日本国憲法に密接に関連する基本法制の広範かつ総合的な調査」を行います（国会法第102条の6、衆規程第1条、参規程第1条）。

前段の日本国憲法に関する調査は、かつて存在した憲法調査会、日本国憲法に関する調査特別委員会でも所管とされていました。憲法の各章、各条文について、将来の改正発議の可能性を排除せず、議論を幅広く行うことです。

後段の日本国憲法に密接に関連する基本法制の調査ですが、どこまで含まれるのかは一義的に決められず、他の常任委員会、特別委員会、調査会と競合することがあります。基本的には、憲法秩序、憲法体系との矛盾が問題となる案件が扱われると解されます。

❷議案審査

憲法審査会は、「憲法改正原案、日本国憲法の改正の発議又は国民投票に関する法律案等の審査」を行います（国会法第102条の6、衆規程第1条、参規程第1条）。

憲法改正原案は、議員提出のものに限らず、憲法審査会という機関として提出することもできます。この場合は、憲法審査会長が提出者となります（国会法第102条の7第2項）。

国会法第68条本文の規定により、会期中に議決に至らなかった案件はその次の会期に継続しないのが原則ですが（会期不継続の原則）、憲法改正原案については何の手続も要せず、自動的に継続されます（国会法第102条の9第2項）。その審査は元々、複数の会期を跨ぐことが想定されているのです。ただし、審査の途中で衆議院が解散された場合には、当該憲法改正原案は廃案となります。参議院議員の通常選挙（3年に1回の半数改選）の直前の常会でも、慣例に従えば、付託されている憲法改正原案を継続審査とする手続を取らず、廃案になります。

「日本国憲法の改正の発議又は国民投票に関する法律案等の審査」ですが、国民投票法の改正は当然のこと、憲法改正の発議までの手続等に関する国会法の改正も、SECTION 05で述べた制定経緯を踏まえれば、議院運営委員会ではなく憲法審査会で審査を行う余地が認められます。憲法改正以外に特定の国政問題の賛否を問う国民投票を実施するための法整備は、憲法審査会の所管となります。

SECTION 12

投票箱

合同審査会

合同審査会の権限

衆議院と参議院は、互いに独立した機関です。憲法審査会も別々に活動することが原則です（両院独立活動の原則）。

しかし、国会法は、両院独立活動原則の例外となる「合同審査会」の制度を設けています（第102条の8）。衆参の憲法審査会は、憲法改正原案に関して、他の議院と協議の上、その決議を以て合同審査会を開くことができます（衆規程第24条、参規程第24条）。憲法改正原案が提出される前の段階で、憲法に関する広範かつ総合的な調査を合同で行うことも可能と解されます。

合同審査会は、憲法改正原案に関し、衆参の憲法審査会に対して「勧告」を行うこともできます（国会法第102条の8第2項）。勧告のイメージとしては、「衆議院の憲法審査会は、◯◯のテーマに関する憲法改正原案について、調査、検討を進めること」といった内容で、原案の要綱、骨子を示すことです。憲法改正原案そのものを提示することは想定されていません。勧告には法的拘束力はなく、衆参の憲法審査会はその内容に縛られません。

制度上の意義

合同審査会の制度が設けられた背景、その意義は、衆議院と参議院で憲法改正原案に関する議決の効力が異ならないよう(一方が修正議決、否決とならないよう)、あらかじめ調整する機関の必要性が立法当時、認識されていたことです。

また、衆参の憲法審査会が、同一の会期中に同一の案件で調査、審査を進めると、後に非効率、不合理な事態を招くことがあります。例えば、衆参でそれぞれ同一内容

合同審査会の「勧告」

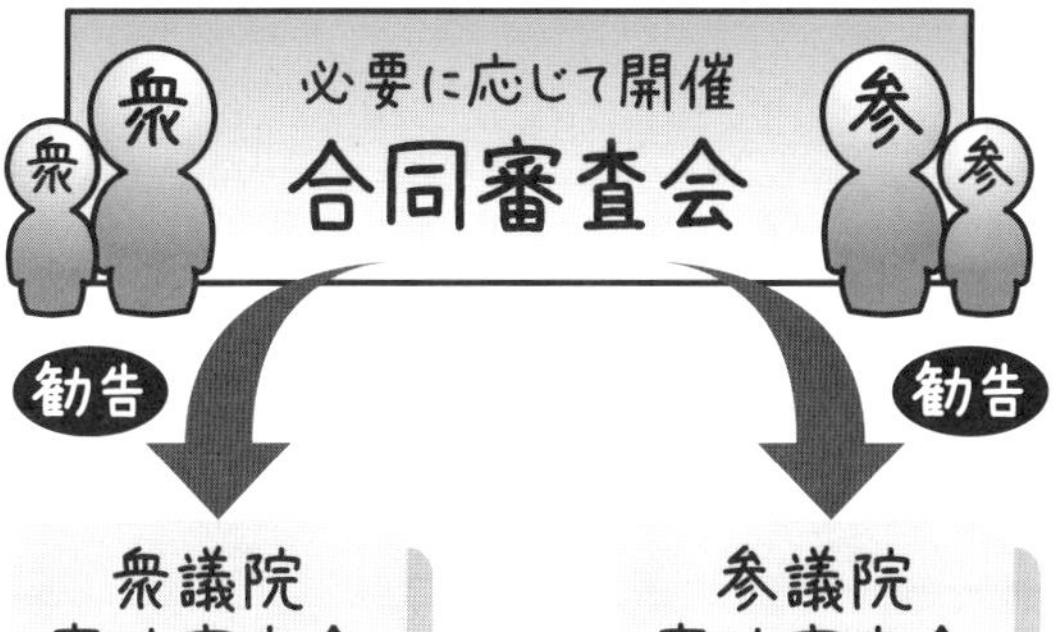

の憲法改正原案を議決し、他の議院に送付したとしても、同一議案審議禁止のルールに抵触し、審議することができません（国会法第56条の4）。何を以て「同一議案」と判断するかにもよりますが、こうした不都合を回避するための「交通整理」を行い、憲法審査会の効率的な運営を確保することも合同審査会の目的の一つです。

憲法審査会は2011年10月から実質的に始動していますが、合同審査会は一度も開かれたことがありません。合同審査会を開くためには、憲法審査会に「憲法審査会規程」が整備されているように、「合同審査会規程」を衆参の本会議で議決する必要があります。会長・幹事に関する取り決め、議事運営の方法、勧告の手続等を定めることになります。

ルールをあらかじめ
決めておく必要が
あるよ！
審
合同審査会
規程

SECTION 13 投票箱

憲法審査会に関する先例

先例の意義

憲法審査会の組織、運営に関するルールは、国会法、衆参の議院規則および憲法審査会規程に定められています。これら明文化されたもののほか、衆参の先例にも憲法審査会に関する事項が記載されています。

先例は、法律、規則、規程といった形式を採らず、法的拘束力を有しません。それゆえ、議事運営等の一定の指針を示しつつも、柔軟な運用を可能にします。先例に従った運営等が長期間繰り返されれば、慣行（慣例）として扱われます。

現時点で憲法審査会に関する先例は、次に示すとおり、形式的な内容にとどまっています。憲法改正原案の審査、SECTION 12の合同審査会の運営の実績が生まれれば、将来、これらに関する事項が先例集（衆）、先例録（参）に追加されることになります。

▼衆議院先例集　２０１７（平成29）年版

第12章　憲法審査会

149　日本国憲法及び日本国憲法に密接に関連する基本法制について広範かつ総合的な調査を行い、憲法改正原案、日本国憲法に係る改正の発議又は国民投票に関する法律案等を審査するため、憲法審査会が設置される。

150　憲法審査会委員の選任は、総選挙後の国会の始めに議事日程に記載して、これを行う。

151　憲法審査会委員は、各会派の所属議員数の比率による割当てに基づき、議長が指名する。

152　憲法審査会の会長は、審査会において互選し、その結果は、当日の衆議院公報に記載する。

▼衆議院委員会先例集　２０１７（平成29）年版

153　憲法審査会の幹事互選の結果は、当日の衆議院公報に記載する。

第11章　憲法審査会

285　憲法審査会は、日本国憲法及び日本国憲法に密接に関連する基本法制について広範かつ総合的な調査を行い、憲法改正原案、日本国憲法に係る改正の発議又は国民投票に関する法律案等を審査する。

286　委員の選任は、総選挙後初めて召集される国会の会期の始めに、割当数に基づいて各会派から申し出た者について、議長の指名によって行う。

287　委員の辞任は、その所属会派からの申出により、会長を経由して、議長の許可を得るのを例とする。

288　会長の互選は、推薦によるのを例とする。

289　幹事の互選は、会長の指名によるのを例とする。

290　幹事は、委員の任期中その任にあるものとする。

291　政府職員の出席説明を求める。

292　憲法審査会の会議は、公開とする。

293　憲法審査会は、会期中であると閉会中であるとを問わず、いつでも開会することができる。

▼参議院先例録　2013（平成25）年版
第10章　憲法審査会

140　憲法審査会に関する例
141　憲法審査会委員は、各会派の所属議員数の比率により各会派に割り当て、これに基づき議長が指名する

▼参議院委員会先例録　2013（平成25）年版
第15章　憲法審査会

341　憲法審査会は、日本国憲法及び日本国憲法に密接に関連する基本法制について広範かつ総合的に調査を行い、憲法改正原案、日本国憲法に係

る改正の発議又は国民投票に関する法律案等を審査する

３４２　憲法審査会は、45人の委員で組織する

３４３　会長は、憲法審査会の議事を整理し、秩序を保持し、及び憲法審査会を代表する

３４４　会長は、憲法審査会において委員が互選する

３４５　幹事は、議院運営委員会理事会において定めた幹事の数及び各会派に対する割当てに基づき、憲法審査会において選任するのを例とする

３４６　憲法審査会は、会期中であると閉会中であると問わず、いつでも開会することができる

３４７　憲法審査会は、必要に応じ、会長の発議又は委員の動議により小委員会を設ける

３４８　憲法審査会において公聴会を開くことを決定したときは、公聴会開会承認要求書を議長に提出する

３４９　憲法審査会は、委員会又は調査会と協議して連合審査会を開くことができる

350　参考人の出席を求めるには、参考人出席要求書を議長に提出する
351　委員を派遣するには、委員派遣承認要求書を議長に提出する
352　憲法審査会は、憲法改正原案及び日本国憲法に係る改正の発議又は国民投票に関する法律案を提出することができる
353　憲法審査会の会議は、公開とする
354　憲法審査会は、憲法改正原案に関し、衆議院の憲法審査会と協議して合同審査会を開くことができる
355　議事その他運営に関し必要な事項は、憲法審査会の議決によりこれを定める

※参議院先例録、参議院委員会先例録は、参議院ホームページで閲覧可能です。
http://www.sangiin.go.jp/japanese/aramashi/houki/senrei.html

SECTION 14

憲法改正原案の両院協議会

任意開催の協議会における調整

合同審査会が、憲法改正原案について衆参両院で議決の効力が異ならないよう、あらかじめ調整する機関と位置づけられるのに対し、衆議院で「可決」、参議院で「否決」といった具合に、議決が異なった場合にも、事後的に調整を行う機関を国会に設けることができます。この機関が両院協議会です。

憲法第96条第1項が定めているとおり、「各議院の総議員の3分の2以上の賛成」が憲法改正発議の要件です。衆議院で3分の2以上の賛成があっても、参議院で3分の2以上の賛成が得られなければ（わずか1名＝1票足らなくても）、その時点で否決となります。衆参両院は、憲法改正に関して「完全対等の関係」に立つため、憲法改正の発議そのものが不成立となる、これが憲法上の原則です。

しかし、憲法改正の発議はおよそ、国会の権限として位置付けられています。衆参両院の間で憲法改正原案の内容に関して妥協を図ることを、憲法が一切、否定しているとも考えられません。そこで国会法は、憲法改正原案について衆参で議決が異なってしまった場合、任意で、両院協議会を開くことができるケースを定めているのです（第86条の2）。

両院協議会の設置は、任意です。衆議院から参議院に対し、または参議院から衆議院に対して両院協議会を求めたとき、求められた側の議院はこれを拒むことができません（国会法第88条）。

両院協議会のイメージ

衆議院で可決し、参議院で否決された場合、衆議院が参議院に対して、両院協議会を求めるというケースで考えてみます。

両院協議会には、衆議院、参議院からそれぞれ、協議委員が10名、計20名選任されます（国会法第89条）。協議委員は、議院の慣例によって「その議院の議決に与した側」から選ばれることになっています。議決に与したとは、可決であれば「賛成した議員」から、否決であれば「反対した議員」から、という意味です。衆議院からは、憲法改正原案に賛成した10名が、参議院からは憲法改正原案に反対した10名が選出されます。

必ずしも憲法審査会の委員が選出されるとは限りません。この20名の中から議長が互選されます(国会法第90条)。

両院協議会では、衆参の妥協を図るための協議案が審査されます。協議案とは、衆参両院で合意が得られるであろう、憲法改正原案の修正案です。協議案が、両院協議会に出席している協議委員の3分の2以上の賛成で可決されたとき、成案となります(国会法第92条)。しかし、成案が得られても、国会が憲法改正の発議をしたことにはなりません。

成案はまず、衆議院に送られます。総議員の3分の2以上で可決されれば、参議院に送られ、参議院でも可決されれば、その成案に基づいた憲法改正の発議となります。両院協議会において、協議案を審査しつつも、成案が得られなければ、憲法改正の発議には至りません。

両院協議会が開かれる衆参の関係図

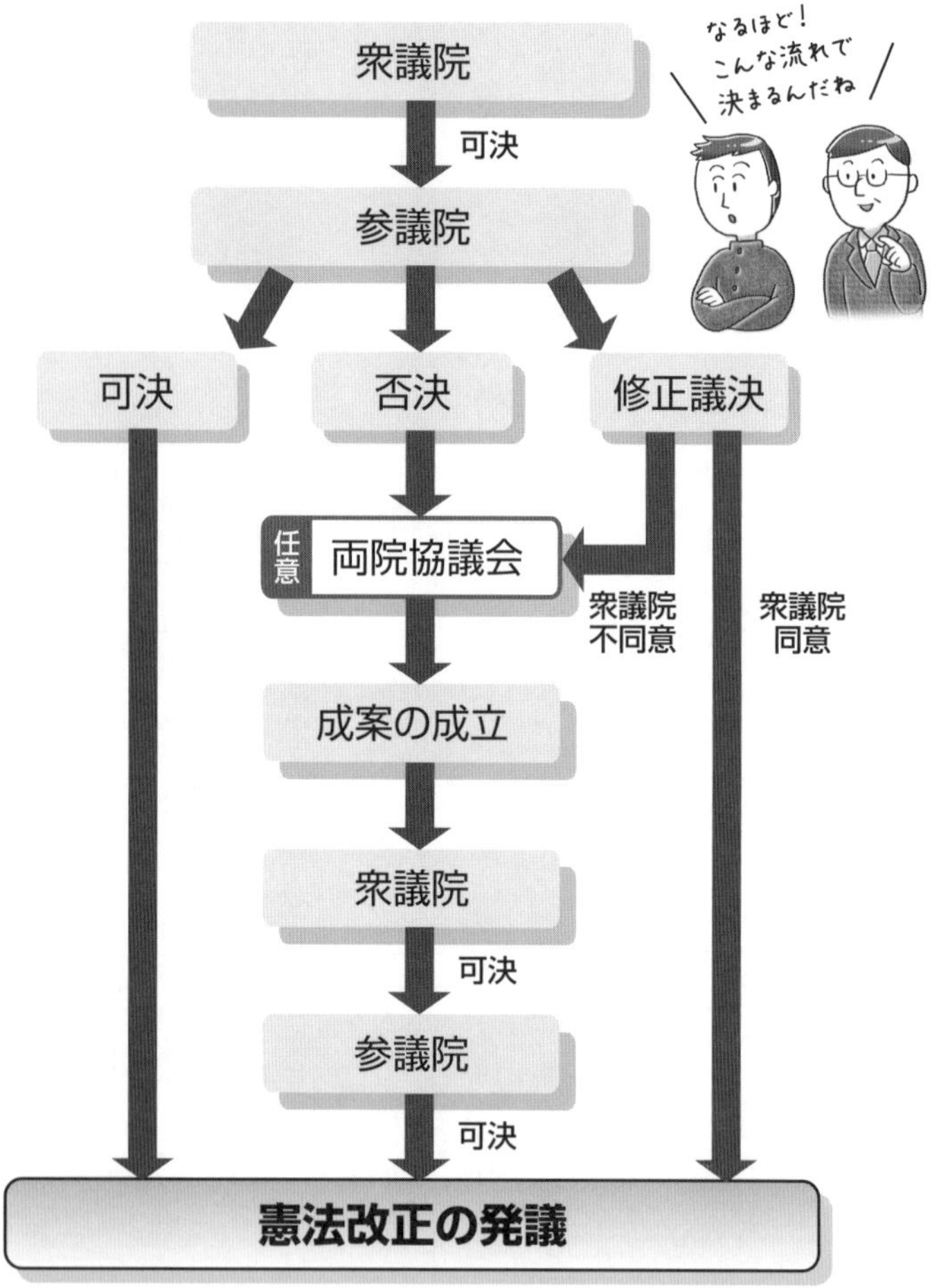

第3章
憲法改正の発議と国会による広報

SECTION 15

投票箱

憲法改正発議の手続

発議と提案は一体

SECTION 02で憲法改正の手続の流れ（衆議院→参議院の場合）を解説しました。憲法改正の発議はまさに、国会手続の最終段階で行われます（S16）。

衆議院で憲法改正原案を可決し、参議院でも可決した場合には、その参議院の可決を以て、国会が憲法第96条第1項前段にいう憲法改正の発議をし、国民に提案したものとされます（国会法第68条の5第1項前段）。発議、提案に関しては、特段の行為を要しません。逆に参議院先議、衆議院後議の場合には、最後の衆議院の可決を以て国会発議となります。これらの場合に、衆参両院の議長は、憲法改正の発議をした旨とその憲法改正案を官報に公示します（国会法第68条の5第1項後段）。国会発議を以て、憲法改正原案は「憲法改正案」と、法律上の呼び名が変わります。

憲法改正原案は、審査、審議の過程でその内容を修正することもできます（国会法第68条の4）。例えば、参議院が衆議院から送付された憲法改正原案を修正議決した場合には、その憲法改正原案は衆議院に回付され、衆議院がその回付案（参議院修正案）に同意すればその同意を以て憲法改正の発議となります。

SECTION 14で解説した両院協議会が開かれる場合には、協議会で得られた成案は、協議会の開催を求めた先の議院で可決し、後の議院で可決したとき、憲法改正の発議となります。

衆参本会議における憲法改正原案の採決は、記名による方法（記名採決）になると解されます。憲法改正の発議は、国会の権能のうち最も重要なものであり、議員一人ひとりの判断を明確に記録し、公開する必要があるからです。議員の投票態度は当然、国民投票の

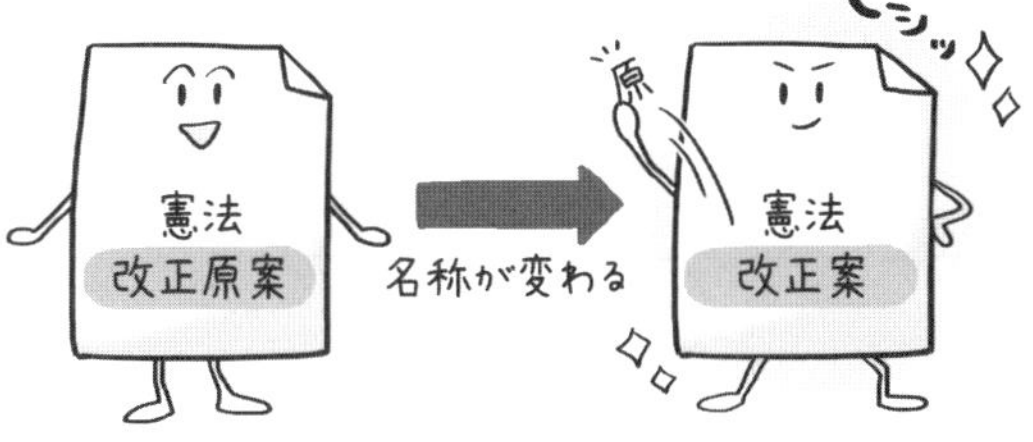

後に行われる最初の国政選挙における判断・評価の要素となります。

同一会期内の議決一致の必要性

衆議院の「可決」と参議院の「可決」は、同一の会期内で揃う必要があります。修正議決に対する他議院の同意も同様です。

あくまで仮定の話ですが、第300回国会で衆議院が憲法改正原案を可決し、参議院に送付した後、参議院がその憲法改正原案を継続審議とすることを議決したとします。次に召集される第301回国会で参議院が可決したとしても、その可決を以て憲法改正の発議をしたことにはなりません。衆議院に送付して、衆議院で再度、可決する必要があります（国会法第83条の5）。継続審議の対象となるのは議案本体であって、議決の効力には及ばない（会期を跨がない）ためです。

SECTION 16

「総議員」の意義

法定の議員数が基準

憲法第96条第1項は、「各議院の総議員の3分の2以上の賛成」という国会発議の要件を定めています。この「総議員」数について何を基準に決するか、二通りの考え方があります。

第一は、法定の議員定数を基準とする考え方です。現在、衆議院の定数は465、参議院の定数は245となっています(公職選挙法第4条第1項第2項。参議院は2022年通常選挙より3増の248になります)。この法定議員数を基準にすると、3分の2以上とは、衆議院では310名以上、参議院では164名以上となります。死亡や辞職などにより、議院に欠員が生じている場合がありますが、法定議員数を基準にすると、欠員の分は、本会議の採決のさい「反対の投票」をしたことと同じ扱いになります。

第二は、衆参両院に、現に在職している議員の数を基準とする考え方です。第一の法定議員数とは異なり、欠員の分を除いて考えます。

憲法第96条は、いずれの考え方に依るのかは明確に定めていません。もっとも、衆参両院では、本会議の定足数を総議員の3分の1以上とする憲法第56条第1項に関して、法定議員数を基準にすることが慣例となっていることから、憲法改正原案の表決に関しても法定議員数を基準にするものと考えられます。

いわゆる改憲賛成勢力の意味

通常、法律案等の一般議案の採決であれば、定足要件は「総議員の3分の1」、表決要件は「出席議員の過半数」であり（憲法第56条）、与党会派議員の欠席ないし造反（反対または棄権）は通常、法律案の成否等に深刻な影響を及ぼしません。

しかし、憲法改正発議のために要する310名以上（衆議院）、164名以上（参議院）は、絶対的な表決要件であることに、改めて注意を要します。議員が、憲法改正原案の採決が行われる本会議を欠席したり、投票を棄権することは、反対投票と同じ意味になります。1名（1票）でも足りなければ「否決」です。

いわゆる改憲賛成勢力から造反が出て、前記の表決要件を充たさないような場合には、改憲反対勢力の側からその埋め合わせをしなければなりません。これ自体、政治的には相当高いハードルです。

憲法改正原案の採決はまさに、「集団で薄氷を踏む行為」と喩えられます。途中まで多人多脚走が上手く進んでも、採決に際してその共走関係が崩れてしまうこともあり得ます。

SECTION 17
投票箱

国民投票広報協議会の組織

発議後に始まる、憲法改正案の広報

憲法改正に関して、国会の役割は、憲法改正の発議を以て「御役御免」になるわけではありません。発議した憲法改正案の内容などを国民に広報するため、国民投票広報協議会が設置されます（国民投票法第11条～第17条、国会法第102条の11、第102条の12）。直接の設置根拠は、国会法の規定です（弾劾裁判所に関する国会法と裁判官弾劾法との関係と同様）。

国民投票広報協議会は、憲法改正が発議された場合にのみ設置される、非常設の機関です。国民投票に関する一連の手続が終了するまで、その活動は続きます。

協議会の構成

国民投票広報協議会の委員は、憲法改正の発議をしたときに衆議院議員であった者10名、参議院議員であった者10名の、計20名です（国民投票法第12条第2項）。

委員は、衆参各会派の所属議員数の比率により割り当て、選任されます（国民投票法第12条第3項本文）。比率「により」とは、比率「に応じて」よりも意味の幅が広く、柔軟な運用（委員の割当て）を可能にします。

仮に、衆参両院において、全会一致に近い状態で憲法改正原案が可決された場合では、反対した会派から国民投票広報協議会の委員を出すことができず、賛成した会派の議員ばかりで占められることになります。しかしそのような偏った構成では、憲法改正案などに関する広報を公正、平等に行うことはできません。そこで、憲法改正原案に反対した会派からも国民投票広報協議会の委員を選任できるよう、「できる限り配慮する」こととされています（国民投票法第12条第3項ただし書）。各議院では会派の構成が異なることから、同一の政党でも衆参の定数内で選任される委員の数は異なります。

国民投票広報協議会の委員に、病気などの事故がある場合、委員に欠員が生じた場合には、予備員がその委員の職務を行います（国民投票法第12条第2項）。予備員の数、憲法改正原案に反対した会派に対する配慮は、正規の委員と同じ扱いです。

定足数と表決数

国民投票広報協議会がその会議を開き、議事を進行するには、衆参から選任された委員がそれぞれ7名ずつ出席しなければなりません（国民投票法第15条第1項）。また、国民投票広報協議会が会議体として意思決定をするには、出席委員の3分の2以上の賛成が必要です（国民投票法第15条第2項）。単純な過半数を表決要件とすると、憲法改正原案に賛成した会派の意向だけで議事を決することが可能となり、公正な運営が事実上不可能となってしまうことから、特別多数決に拠ることとしているのです。

国民投票広報協議会には、事務局が置かれます（国民投票法第16条）。その他、国民投票広報協議会に関する事項は、別に法律で定められ（国会法第102条の12）、「規程」が定められることとなります。

少数会派の意向を尊重する運営を

憲法改正が発議された段階で、衆参いずれも、賛成会派と反対会派の議員数は「2対1以上の較差」が生じています。反対会派は常に、圧倒的少数の立場に置かれています。

この点、衆参の委員会運営は慣例上、与党第一会派、野党第一会派から選出された筆頭理事が、日程、議事運営の決定に関して主導的立場にあるところ(筆頭間協議)、憲法改正の発議においては野党第一会派も賛成の表決を行っている可能性があり、国民投票広報協議会の運営を筆頭間協議的な手法に頼ると、反対会派の意向が反映されなくなるという懸念が生じます。

運営上の問題ですが、少数会派を尊重する方針を予め確約しておくこと、可能な限り「全会一致の原則」を確立することが望ましいといえます。

SECTION 18

投票箱

国民投票広報協議会の所掌事務

国民投票広報協議会は、次の4つの事務を担当します。

第一に、国民投票公報の原稿を作成することです（国民投票法第14条第1項第1号）。国民投票公報には、①憲法改正案とその要旨、②憲法改正案に係る新旧対照表、その他参考となるべき事項に関する分かりやすい説明、③憲法改正案を発議するに当たって出された賛成意見および反対意見が掲載されます。詳しくはSECTION 19で解説します。

国民投票広報協議会は、①と②を客観的かつ中立的に、③を公正かつ平等に扱うこととされています（国民投票法第14条第2項）。

第二に、投票記載所に掲示する憲法改正案の要旨を作成することです（国民投票法第14条第1項第2号）。投票記載所とは、投票所の中で、投票人が投票用紙に記入する場所です（同法第65条）。

第三に、憲法改正案の広報放送、広報広告に関する事務です（国民投票法第14条第

1項第3号)。SECTION 20、21で解説します。

第四に、その他の、憲法改正案に関する広報の事務です(国民投票法第14条第1項第4号)。運用例はありませんが、専用ウェブサイトの開設、広報動画の制作と配信、SNSの運用(第三の広報放送の日時の案内等)が含まれると解されます。メール等を通じて憲法改正案に関する問い合わせを受け付け、回答するといったコールセンター的機能まで担えるかどうか、さらに検討の余地があります。

このように、国民投票広報協議会が憲法改正案の広報を担当する一方、総務大

国民投票広報協議会の仕事

臣、中央選挙管理会（総務省がその事務を担当）、都道府県・市区町村の選挙管理委員会は、国民投票の方法、期日、国民投票運動として禁止されている事項等を周知します（国民投票法第19条）。これらの広報、周知活動が相まって、投票の啓発（投票率の向上）に十分な効果が及ぶことが期待されます。

SECTION 19

投票箱

国民投票公報

賛成・反対の判断素材となる公報

すべての有権者は、国会での議論の経過も含めて、憲法改正案の内容を詳しく知る権利があります。裏を返せば、憲法改正を発議した国会は、憲法改正案についての説明義務があるというべきです。

SECTION 15で解説したとおり、発議された憲法改正案は官報に掲載されます（特別号外を想定）。しかし、誰もが日常的に官報を見ているわけではないことに加え、そこに掲載される情報（発議日と憲法改正案）だけでは、憲法改正案に対する賛成・反対の評価判断をし、いずれかの意思表示をするには不十分です。実際、憲法改正の発議が行われれば、あらゆるメディアは緊急かつ重要なニュースとして大きく扱うでしょうが、それが継続的に、内容が深化していく保証はありません。

まずは、国会自身が「どのような意義、目的で憲法改正の発議をしたのか」「憲法改正原案の審査、審議の際、どのような賛成意見、反対意見が示されたのか（誰が賛成し、誰が反対したのか）」「提案どおりに憲法が改正されたら、どのような政策が始まるのか、これまでの制度はどう変わるのか」といった点について十分な情報を提供することが、投票期日までの間、国民的議論を活発にするためにも必要です。

国民投票法第14条第1項第1号は、国民投票広報協議会の権限で「国民投票公報」を作成することなどを定めています（漢字は「広報」ではなく「公報」です）。選挙の際に「選挙公報」が印刷され各有権者世帯に配布されますが、国民投票公報はその「国民投票版」です。

国民投票公報の内容（イメージ）

国民投票公報には、次の①から③までの内容が掲載されます（国民投票法第14条第1項第1号）。

①憲法改正案とその要旨
②憲法改正案に係る新旧対照表その他参考となるべき事項に関する分かりやすい説明

③憲法改正案を発議するに当たって出された賛成意見および反対意見

①憲法改正案とその要旨は、SECTION 06で例示したような憲法改正案（国会の発議に係る日本国憲法の改正案）と、その内容を要約したものです。内容に関しては、客観的かつ中立的に扱うものとされます（国民投票法第14条第2項）。

②憲法改正案に係る新旧対照表その他参考となるべき事項に関する分かりやすい説明ですが、こちらの内容に関しても、客観的かつ中立的に扱うものとされます（国民投票法第14条第2項）。「新旧対照表」とは、SECTION 06の原案例①でいえば、改正後の第56条と現行の第56条とを対置した表のことを指します。「その他参考となるべき事項に関する分かりやすい説明」とは、衆参両院における憲法改正原案の審査、審議の過程などの客観的情報に、分かりやすい説明を加えたものです。

③憲法改正案を発議するに当たって出された賛成意見および反対意見ですが、賛成意見と反対意見は、公正かつ平等に扱うものとされます（国民投票法第14条第2項）。議員の発言のほか、憲法審査会の参考人質疑、公聴会等で示された意見も含まれると解されます。

ページ割対等の原則

①憲法改正案とその要旨、②憲法改正案に係る新旧対照表その他参考となるべき事項に関する分かりやすい説明は、憲法改正原案に賛成した会派の議員、反対した会派の議員が関与することなく、国民投票広報協議会の事務局が、その政治的裁量を及ぼすことなく作成することが求められます。

③憲法改正案を発議するに当たって出された賛成意見および反対意見を公正かつ平等に扱うという法的要請は、公報のページの割当てを同等にする（等分する）ことで充たされます。賛成意見が1ページ分であれば、反対意見も同じ1ページ分となります。公報全体のページ割当てが賛成議員、反対議員の数で単純に按分されるわけではありません。

有権者への配布手続

国民投票広報協議会が国民投票公報の原稿を作成したときは、投票期日30日前までに中央選挙管理会に送られ、さらにその写しが都道府県の選挙管理委員会に送られ、印刷される手順となっています（国民投票法第18条第1項〜第3項）。印刷された国民投票公報は、市区町村の選挙管理委員会に届けられ、投票期日10日前までに配布する手続がとられます（国民投票法第18条第4項、公職選挙法第170条）。

公報内容の途中変更

選挙で配布される選挙公報は、選挙期間中、同一の内容のものが配布されます。途中、その内容が変更されることはありません。

しかし、憲法改正国民投票の場合、SECTION 22で解説しますが、国会発議の日から投票期日まで最長で180日の間があります。国民投票公報の発行が遅れると、国民的議論を喚起する効果がその分薄れてしまいます。また、同一の公報内容が続くと、有権者がその内容に飽きて関心が低下したり、発議の後に生じた新たな争点に対応できなくなる、といった不都合が露呈します。

そこで、運用上の問題として、公報の内容を途中で変更する（期間中、国民投票公報を複数回発行する）ことも含め、方針をあらかじめ決定しておく必要があります。

SECTION 20

憲法改正案広報放送

テレビ・ラジオの広報放送

国民投票広報協議会は、ＮＨＫ、民間放送事業者の放送設備を利用して、憲法改正案の広報放送を行います（国民投票法第１０６条）。国政選挙、知事選挙の際に、政見放送、候補者経歴放送が行われますが、その「国民投票版」です。広報放送は次の２つの内容から構成されます。

①憲法改正案とその要旨、その他参考となるべき事項
②憲法改正案に対する賛成の政党等、反対の政党等が行う意見広告

①憲法改正案とその要旨、その他参考となるべき事項の広報は、国民投票広報協議会が担当し、その内容は、客観的かつ中立的に扱うものとされます（国民投票法第１０６条第１項～第３項）。②憲法改正案に対する賛成の政党等、反対の政党等が行

う意見広告は、賛成・反対双方に対して時間数を同一にしたり、時間帯を同等にするなど、同等の利便が提供されることになっています（国民投票法第１０６条第４項〜第６項）。国民投票広報協議会が担当する①の広報部分、②の賛成広告と反対広告は、全体を均等割（一対一対一の３等分）にすることが想定されています。

また、政党等は、与えられた広告枠の一部を、指名する団体に行わせることもできます（国民投票法第１０６条第７項）。その手続は今後、検討されます。

具体的運用は未検討

憲法改正案広報放送の内容は法定されていますが、その具体的運用に関しては未検討です。広報放送の時間、回数等をどうするかについて、何も決まっていません。SECTION 19では、国民投票公報の内容を途中で変更する可能性に触れましたが、広報放送の内容についてもその可能性の余地を残しておく必要があります。

いずれにせよ、運用の問題を、憲法改正の発議をしてから決めるというのでは時宜不適切です。憲法改正原案の審査、審議と並行して、各党会派間の幅広い合意を以てそのイメージを共有する必要があります。

SECTION 21

憲法改正案広報広告

新聞に掲載する広報広告

国民投票広報協議会は、新聞（全国紙・地方紙）を媒体として憲法改正案の広報広告を行います（国民投票法第１０７条）。憲法改正案の広報広告は、広報放送と同様、次の２つの内容から構成されます。

①憲法改正案とその要旨、その他参考となるべき事項
②憲法改正案に対する賛成の政党等、反対の政党等が行う意見広告

①憲法改正案とその要旨、その他参考となるべき事項の広報は、国民投票広報協議会が担当し、その内容は、客観的かつ中立的に扱うものとされます（国民投票法第１０７条第１項～第３項）。②憲法改正案に対する賛成の政党等、反対の政党等が行う意見広告は、賛成・反対双方に対して、枠の寸法、回数を同一にするなど、同等の利

便が提供されることになっています（国民投票法第107条第4項・第5項）。国民投票広報協議会が担当する①の広報部分、②の賛成広告と反対広告は、全体を均等割（一対一対一の3等分）にすることが想定されています。

また、政党等は、与えられた広告枠の一部を、指名する団体に行わせることもできます（国民投票法第107条第6項）。その手続は今後、検討されます。

憲法改正案の新聞広告枠の例

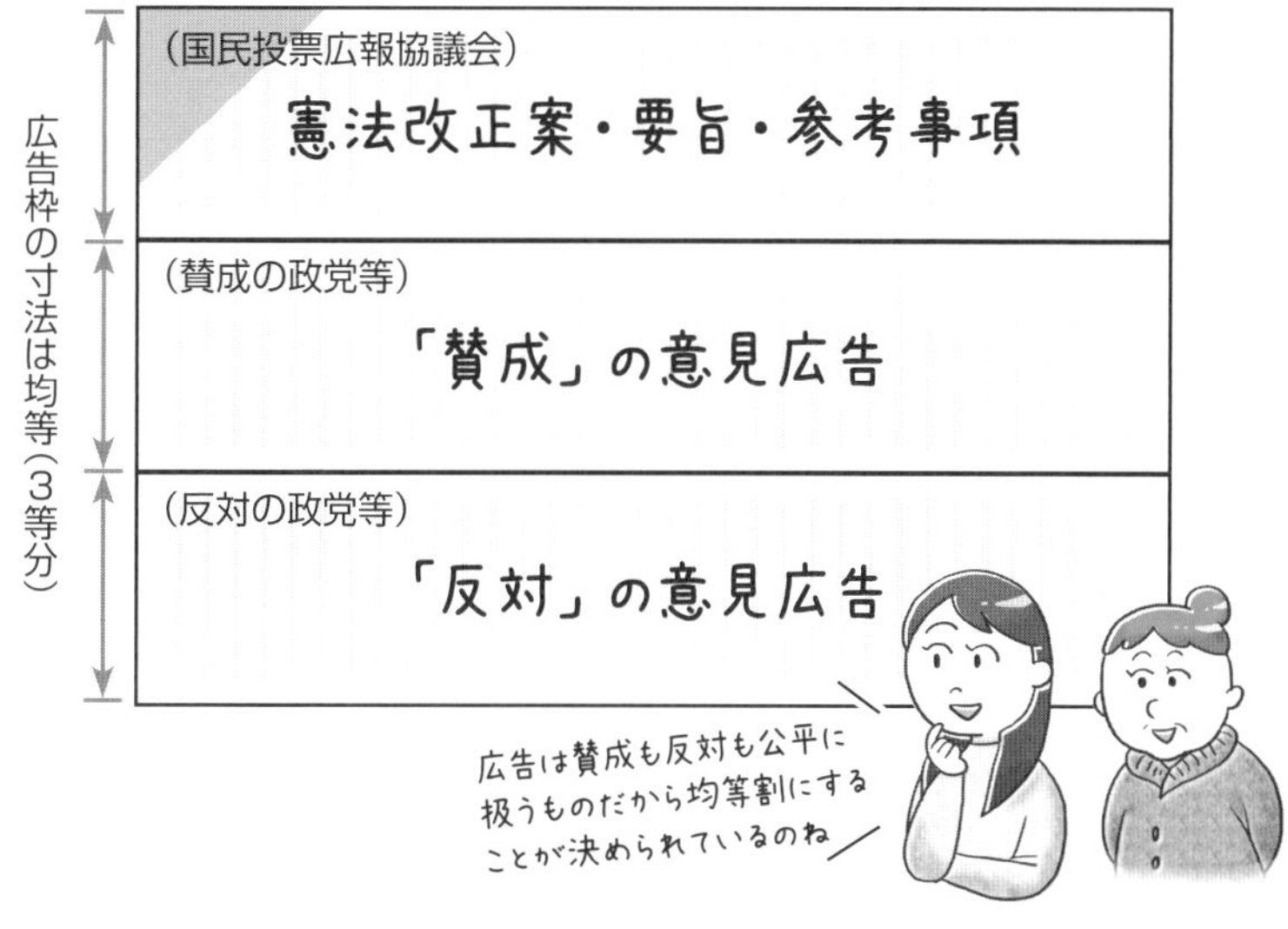

具体的運用は未検討

憲法改正案広報広告の内容は法定されていますが、その具体的運用に関しては未検討です。広報広告を掲載する新聞の範囲、回数等をどうするかについて、何も決まっていません。SECTION 19、20で国民投票公報、憲法改正案広報放送の内容を途中で変更する可能性を指摘していますが、広報広告の内容についてもその可能性の余地を残しておく必要があります。

いずれにせよ、運用の問題を、憲法改正の発議をしてから決めるというのでは時宜不適切です。憲法改正原案の審査、審議と並行して、各党会派間の幅広い合意を以てそのイメージを共有する必要があります。

第4章

投票期日と投票権

SECTION 22

投票期日の議決

国会の議決による、投票期日の設定

国民投票では、国会が発議した憲法改正案の内容もさることながら、投票期日がいつ「○年○月○日」に設定されるのか、という点も重要です。選挙では、選挙管理委員会が期日の告示を行いますが（公職選挙法第5条、第31条等）、国民投票の期日は国会の議決により定められるところが異なります。国会が憲法改正の発議をした後、速やかに、発議の日から起算して「60日以後１８０日以内」において、議決を行います（国民投票法第2条、国会法第68条の6）。国民投票の期日は、憲法改正原案の審査、審議の終局に近いタイミングで、各党会派間の合意を以て決せられると解されます。

憲法改正の発議を行う当日、国会は以下のような状況であると考えられます。当日の参議院本会議で、衆議院から送付された憲法改正原案を可決したとします。参議院の可決を以て、憲法改正の発議となりますが、参議院本会議をここで一旦、休憩とします。休憩の間、衆議院では参議院の可決を受けて、「国民投票の期日を○年○

月○日とすること」を議決するための本会議を開き、国民投票の期日を議決します。衆議院本会議の議決の後、参議院本会議を再開し、衆議院と同様、国民投票の期日を○年○月○日と議決する（そして散会する）、という流れです。

国民投票の期日の議決要件は、通常の議案と同じ、出席議員の過半数です（憲法第56条）。もっとも、各党会派間で国民投票の期日についても十分な合意が整っていないと、憲法改正原案の採決日程ないし賛否そのものに影響すると考えられるため、与党会派のみで決することは

国民投票の投票日の設定

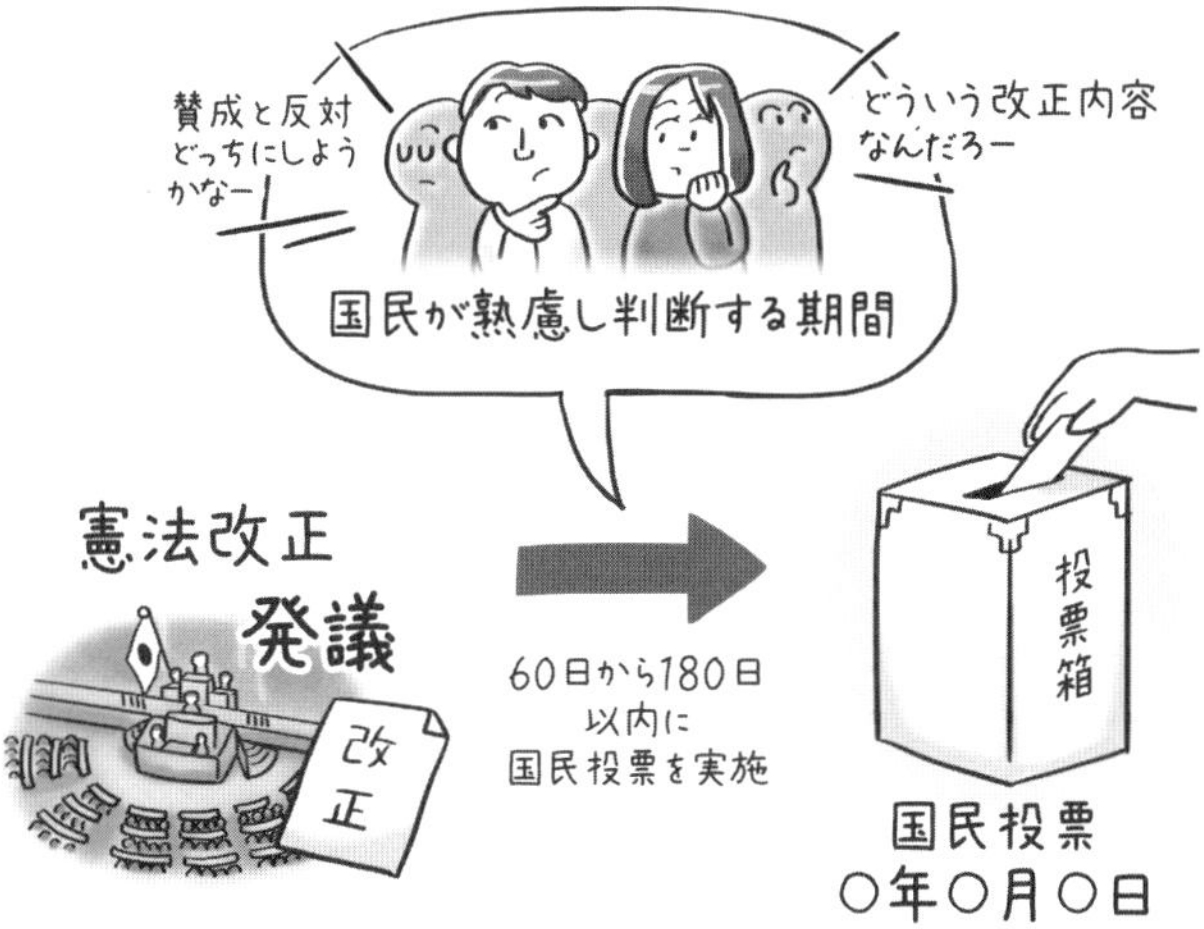

非現実的です。つまりこの場面でも、ＳＥＣＴＩＯＮ 02の多人多脚走が成立している必要があるのです。また、先議院の側で投票期日に係る一定の幅を決めて憲法改正原案を後議院に送付することは、後議院の審議権を事実上制約し（事実上、採決の期限を命じてしまう）、政治的な混乱を招きかねません。かえって、発議のハードルを上げることになると考えられます。

国民投票の期日は、官報で告示されます（国民投票法第2条第3項）。憲法改正案の公示と同じく、発議当日の官報の特別号外によることが想定されます。

60日から180日という日程の幅

投票期日は、発議の日から起算して60日以後１８０日以内で設定されます。期間の幅は広く、国会の裁量で決められます。

期間の最短が60日と定められたのは、国民投票の事務の執行に向けた国、自治体の準備作業に最低2か月を要すると判断されたからです。

期間の最長が１８０日と定められたのは、憲法改正案の内容によっては、半年程度の十分な期間をかけて、有権者一人ひとりが熟慮を重ねて、慎重に意見形成を行うことができるようにした方がいいという政策上の判断です。

繰上投票

投票期日には、繰上投票、繰延投票という例外があります。

島しょ部などで、国民投票の期日に投票箱を送致することができない状況があるときは、都道府県の選挙管理委員会は、適宜にその投票の期日を定め、開票の期日までにその投票箱、投票録、投票人名簿（抄本）、在外投票人名簿（抄本）を送致させることができます（国民投票法第70条）。

繰延投票

天災その他避けることのできない事故により、①投票所において投票できないとき、または②更に投票を行う必要があるときは、都道府県の選挙管理委員会は、さらに期日を定めて投票を行わせなければなりません。この場合、直ちにその旨を告示し、さらに定めた期日を少なくとも2日前（中一日）に告示しなければなりません（国民投票法第71条第1項、国民投票法施行令第59条）。

SECTION 23

投票箱

国政選挙との同日実施

選挙とは別の日（特別の国民投票）が原則

投票期日は、国会の議決により、発議の日から起算して60日以後180日以内の日に定められます。この点、憲法第96条第1項は、「特別の国民投票」（国政選挙とは別の日に実施）または「国会の定める選挙の際行はれる投票」（国政選挙と同じ日に実施）の2つのパターンを想定していますが、国民投票法の制定時には、原則として特別の国民投票として実施することが、与野党会派間で合意をみていました。

その理由ですが、国政選挙と国民投票は、それぞれが行われる政治状況に本質的な違いがある点を踏まえてのことです。国政選挙、とくに衆議院議員総選挙においては、与野党が政権公約を掲げながら、「政権選択」を最大の争点と位置付け、衆議院の議席の過半数を激しく相争う関係に立ちます。他方、国民投票は、憲法改正の発議が、衆参両院の総議員の3分の2以上の賛成によるものとして、与野党の協調関係の上で成り立ち、実施されるものです。選挙時のように激しく相争う関係は想定されません。国政選挙と国民投票では、政治状況が180度異なるのです。

もっとも、投票期日が国政選挙と同じ日に設定されることは、法的にまったく許されないわけではありません。国会が憲法改正を発議した後、内閣が衆議院を解散し総選挙が行われる場合のほか、衆参議員の任期満了によって選挙が行われる場合において、選挙の期日、選挙運動期間が国民投票の期日、期日前投票の期間と重なることもあり得ます（公職選挙法第31条、第32条）。政府見解も、有権者の利便、投票率が向上することなどを考慮しつつ、同日実施の可能性を排除していません。

選挙運動期間と重なる場合

国民投票の投票期日が、最長で発議の日から180日後となることから、その間に執行される国会議員の補欠選挙、自治体の議員・長の選挙の運動期間、期日と重なることがあります。公職の選挙が行われる区域で、選挙運動の期間中、政党等が一定の政治活動を行うことは制限されていますが（公職選挙法第201条の5～第201条の9）、国民投票法第108条は、選挙運動の期間中であっても、政党等が国民投票運動を行うことができるとし、国民投票運動の優位性を明確にしています。

任期満了選挙の運動期間・期日と国民投票

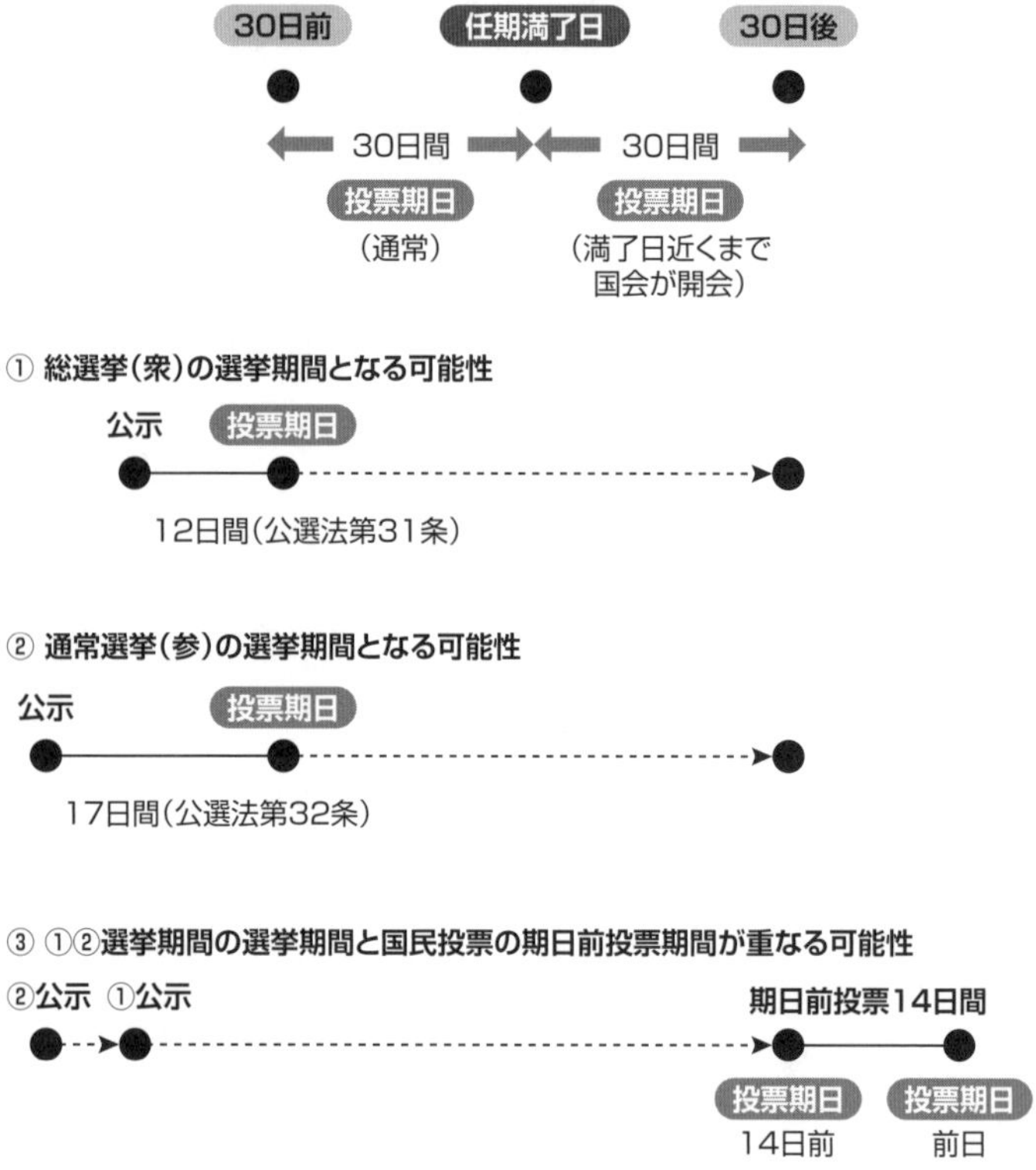

(出典)国民民主党「国民投票法改正案関係資料3-1」(2019年5月21日)を元に、筆者作成。

SECTION 24

投票箱

国民投票権年齢

2018年6月に実現した18歳投票権

下図は、国民投票権年齢(国民投票の有権者となる年齢)の推移を示しています。

国民投票法の全面施行日(a)2010年5月18日には、国民投票権年齢が18歳以上か、20歳以上か、いずれにも確定しない状態になってしまいました。その理由は、SECTION58で詳しく解説しますが、2007年制定法附則第3条第1項(現在は削除)が18歳国民投票権の実現の前提条件として掲げていた18歳選挙権、18歳成年等の法整備が、その期限(a)までに行われなかったからです。

国民投票権年齢の推移

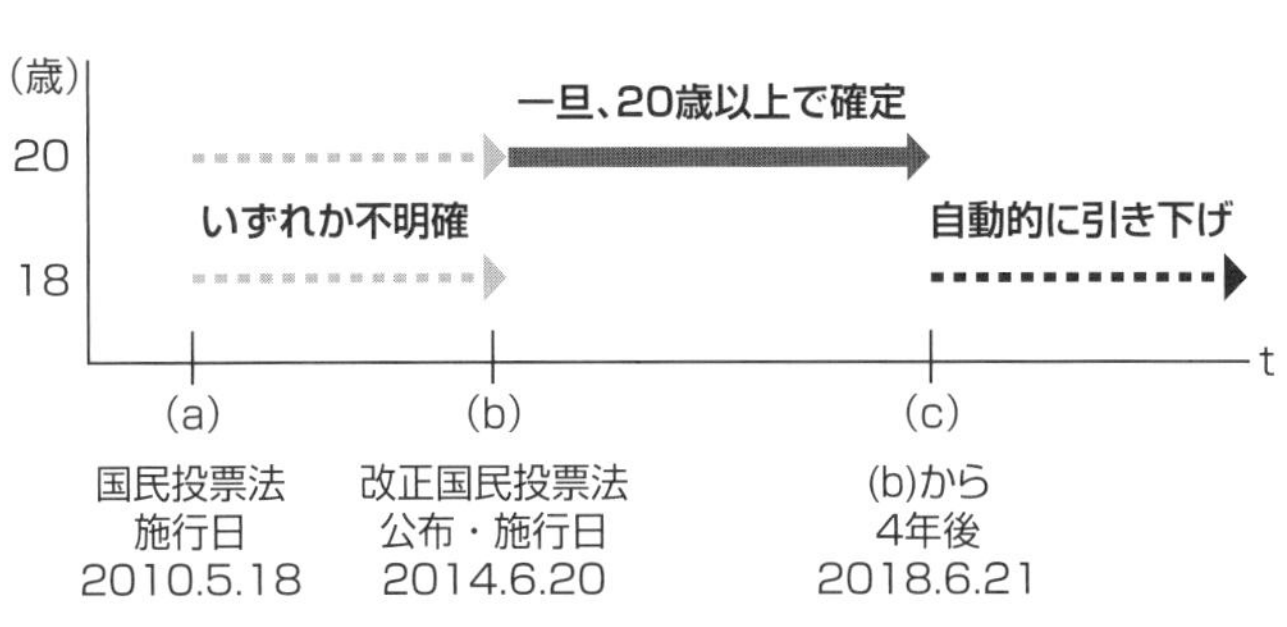

(出典)筆者作成

国民投票権年齢を早急に確定させる必要が生じたにもかかわらず、その是正にはさらに4年を要しました。ようやく2014年6月20日に公布、施行された改正法附則第2項では、施行後4年以内に執行される国民投票の投票権年齢は20歳以上、4年以後に執行されるものについては18歳以上とする(自動的に引き下げる)こととされたのです。

制定時には想定できなかった複雑な経緯を辿りましたが、現在は、18歳国民投票権が実現しています。

SECTION 25

選挙権との比較

住民居住要件（3か月以上）はなし

公職選挙法第9条第1項は「日本国民で年齢満18年以上の者は、衆議院議員及び参議院議員の選挙権を有する」と、同条第2項は「日本国民たる年齢満18年以上の者で引き続き3箇月以上市町村の区域内に住所を有する者は、その地方公共団体の議会の議員及び長の選挙権を有する」と、定めています。条文上、国政選挙では「年齢要件」のみ、地方選挙では年齢要件に加えて「3か月居住要件」が課されています。

しかし、実務上は、国、地方を問わず、市区町村が調製し、使用される選挙人名簿は共通です。その登録は、18歳以上の者でその住民票が作成された日から3か月以上住民基本台帳に記録されている者について行われます（公職選挙法第21条第1項）。共通の取扱いとする点は、選挙事務の適正かつ能率的な執行のため、選挙人名簿の正確性を確保するためであり（政府見解）、一定の合理性が認められるところです。

国民投票に関しては、居住要件は定められていません。さらに、投票人名簿の被登録資格（国民投票法第22条以下）に関しては、SECTION 27で解説します。

公民権停止中の者も投票可能

選挙では、禁錮以上の刑に処せられその執行を終わるまでの者（公職選挙法第11条第1項第2号）、選挙犯罪による受刑者（第252条）など公民権停止中の者は、選挙権、被選挙権が認められません。しかし、国民投票では、公民権停止中の者であっても、投票権を有します。憲法改正国民投票は、主権者としての直接的意思表示をする機会であり、投票権の保障は選挙よりも重視すべきという考えに基づいています。また、すべての選挙は数年に一度必ず執行されますが、国民投票は人の一生のうち一度あるかないかの頻度であり、かつその決定が将来にわたって国の統治に影響することから、投票権者の範囲はできるだけ広い方が望ましいと考えられています。受刑者等の実際の投票は、SECTION 30で解説する不在者投票の手続によります。

なお、SECTION 28で解説する閲覧の手続によって、投票人名簿に記載された住所により特定の刑事施設に収容されている事実が明らかになり、被収容者のプライバシーが侵害されるおそれも生じうることから、実務上万全の対応が必要です。

SECTION 26
投票箱

投票に関する諸原則

国民投票の四原則

国民投票に関する四つの原則が、国民投票法で定められています。

一人一票の原則

第一に、一人一票の原則です。

憲法第14条第1項が「法の下の平等」を定めていることを受け、国民投票も、憲法改正案ごとに一人一票に限ることとされます（国民投票法第47条）。なお国政選挙では、人口（有権者）の数と選挙で選ばれる者の数が選挙区ごとに異なる結果、一票の較差の問題が都度生じますが、国民投票は全都道府県の区域を通じて実施されるものであり（国民投票法第6条）、区割りはないことから、一票の較差の問題は生じません。

秘密投票の原則

第二に、秘密投票の原則です。

憲法第15条第4項は、「すべて選挙における投票の秘密は、これを侵してはならない。選挙人は、その選択に関し公的にも私的にも責任を問はれない。」と定めていますが、選挙に関するこの規定は、国民投票についてもその趣旨が当てはまります。国民投票法は、投票用紙に投票人の氏名を記載してはならないとし（第57条第2項）、記載した場合には無効となります（第82条第2号）。また、「何人も、投票人のした投票の内容を陳述する義務はない。」と定めています（第66条）。

投票期日・投票所投票の原則

第三に、投票期日・投票所投票の原則です。

投票人は、国民投票の期日において、居住する市区町村の投票区に設けられた投票所に自ら行き、投票をしなければなりません（国民投票法第48条第5項、第50条、第55条第1項）。投票期日投票には、期日前投票、不在者投票および在外投票という例外があります。SECTION 29～31で解説します。

また、投票所投票の例外として、2021年改正により、共通投票所の制度が設けられました。市区町村の選挙管理委員会は、投票人の投票の便宜のため、投票の当日、投票所のほか、その指定した場所に、その市区町村の区域内のいずれの投票区に属する投票人も投票をすることができる共通投票所を設けることができます(国民投票法第52条の2)。選挙では、第24回参議院議員通常選挙(2016年7月10日執行)より、商業施設等での設置例があります。

自書投票の原則

第四に、自書投票の原則です。

投票人は、投票所において、投票用紙の記載欄に自書しなければなりません(国民投票法第57条第1項)。例外として、自書できない投票人のために、代理投票の制度があります(第59条)。SECTION 42で解説します。

SECTION 27
投票箱

投票人名簿等の調製

投票人名簿の調製

国民投票が行われる場合、市区町村の選挙管理委員会は、投票人名簿を調製します（国民投票法第20条第1項）。投票人として投票をするためには、投票人名簿に登録されていることが必要です（国民投票法第53条）。投票人名簿には、投票人の氏名、住所、性別および生年月日等が記載されます（国民投票法第21条第1項、国民投票法施行令第2条）。

投票人名簿に登録されるための資格は、国民投票が行われる日現在、満18歳以上の者で、次のいずれかに該当するものです（国民投票法第22条第1項第1号・第2号）。

〔第1号資格者〕
国民投票が行われる期日の50日前に当たる日（登録基準日）において、当該市区町村の住民基本台帳に記録されている者（第1号資格者）です。

大多数の投票人が、第1号資格者に該当します。市区町村の選挙管理委員会は、登録基準日の翌日（投票期日49日前）に、第1号資格者を投票人名簿に登録します。

〔第2号資格者〕

登録基準日の翌日から14日以内（※）に当該市区町村の住民基本台帳に記録された者であって、登録基準日においていずれの市区町村の住民基本台帳にも記録されていないもの（第2号資格者）です。

※この14日間は、特定期間と呼ばれます。市区町村の選挙管理委員会は、投票期日26日前に、第2号資格者を投票人名簿に登録します。

登録基準日以後の作業

市区町村の選挙管理委員会は、登録基準日の翌日から14日間に、当該市区町村の住民基本台帳に記録された者を抽出し、第2号資格者に該当するかどうかの確認作業を、投票期日27日前まで行います。国内の転入者の場合には、登録基準日および登録基準日の翌日から14日間における住民基本台帳の記録の有無について、転入前の市区町村に照会が行われます。国外の転入者の場合、国外の転出日および最終住所地を本籍地の市区町村に照会が行われます。国内、国外、いずれの転入者の場合にも、登録基準日における在外選挙人名簿への登録の有無について、本籍地の市区町村に照会が行われます。

市区町村の選挙管理委員会は、死亡した者、国籍を喪失した者、投票人名簿登録の際に登録されるべきでなかったことが判明した者について、随時、抹消処理を行います（国民投票法第29条）。

在外投票人名簿の調製

海外に在住する日本国民も、国政選挙と

投票人名簿の調製スケジュール

（日前）

日前	内容	
50	登録基準日	
49	第1号資格者の登録	↑ 転出地・転入地間の文書通知&本籍地照会
36	特定期間の終了	
26	第2号資格者の登録	↓
	投票所入場券の発送等	
14	期日前投票開始日	
1	期日前投票最終日	
0	国民投票・投票日	

同様、在外投票を行うことができます。在外投票を行うためには、在外投票人名簿に登録される必要があります（国民投票法第53条第1項）。市区町村は国民投票が行われる場合、投票人名簿とは別に在外投票人名簿を調製します（国民投票法第33条第1項）。在外投票人名簿には、投票人の氏名、最終住所または申請の時の本籍、性別、生年月日等が記載されます（国民投票法第34条第1項、国民投票法施行令第13条）。

在外投票人名簿に登録されるための資格は、国民投票の期日現在18歳以上の者で、次のいずれかに該当するものです（国民投票法第35条第1号～第3号）。

〔第1号資格者〕

投票期日50日前に当たる日（登録基準日）において、当該市区町村の在外選挙人名簿に登録されている者です（ただし、登録基準日においていずれかの市区町村の住民基本台帳に記録されている者を除く）。在外選挙人名簿とは、選挙の在外投票のために、市区町村が調製しているものです（公職選挙法第30条の2以下）。

〔第2号資格者〕

在外投票人名簿の登録の申請をした者（在外投票人名簿の登録を行おうとする日においていずれかの市区町村の投票人名簿または在外投票人名簿に登録されている者を除く）

〔第3号資格者〕（2021年改正により追加）

登録基準日の翌日以後、在外選挙人名簿への登録の移転がされた者（在外投票人名簿の登録を行おうとする日においていずれかの市区町村の投票人名簿または在外投票人名簿に登録されている者を除く）

第1号資格者は在外選挙人名簿から職権登録された者、第2号資格者は在外投票人名簿への登録を申請した者です。

第3号資格者は、2021年改正で追加されました。公職選挙法では、国民が出国する時に市区町村の窓口で在外選挙人名簿への登録を申請できる制度が設けられていますが（出国時申請）、国民投票の期日50日前に当たる登録基準日の直前に出国した場合に、在外選挙人名簿には登録されても、在外投票人名簿には登録されないという場合が生じうるため、この隙間を補うことを目的とした改正内容となっています（出国時申請に伴う在外選挙人名簿登録の空白の救済）。

ケース1、ケース2の違いは、出国時申請のタイミングによって、有権者が在外選挙人名簿に登録される日と、在外投票人名簿に自動的に登録される登録基準日との間に先後関係が生じる点です。

ケース1では、登録基準日の前に在外選挙

出国時申請と在外投票人名簿の登録

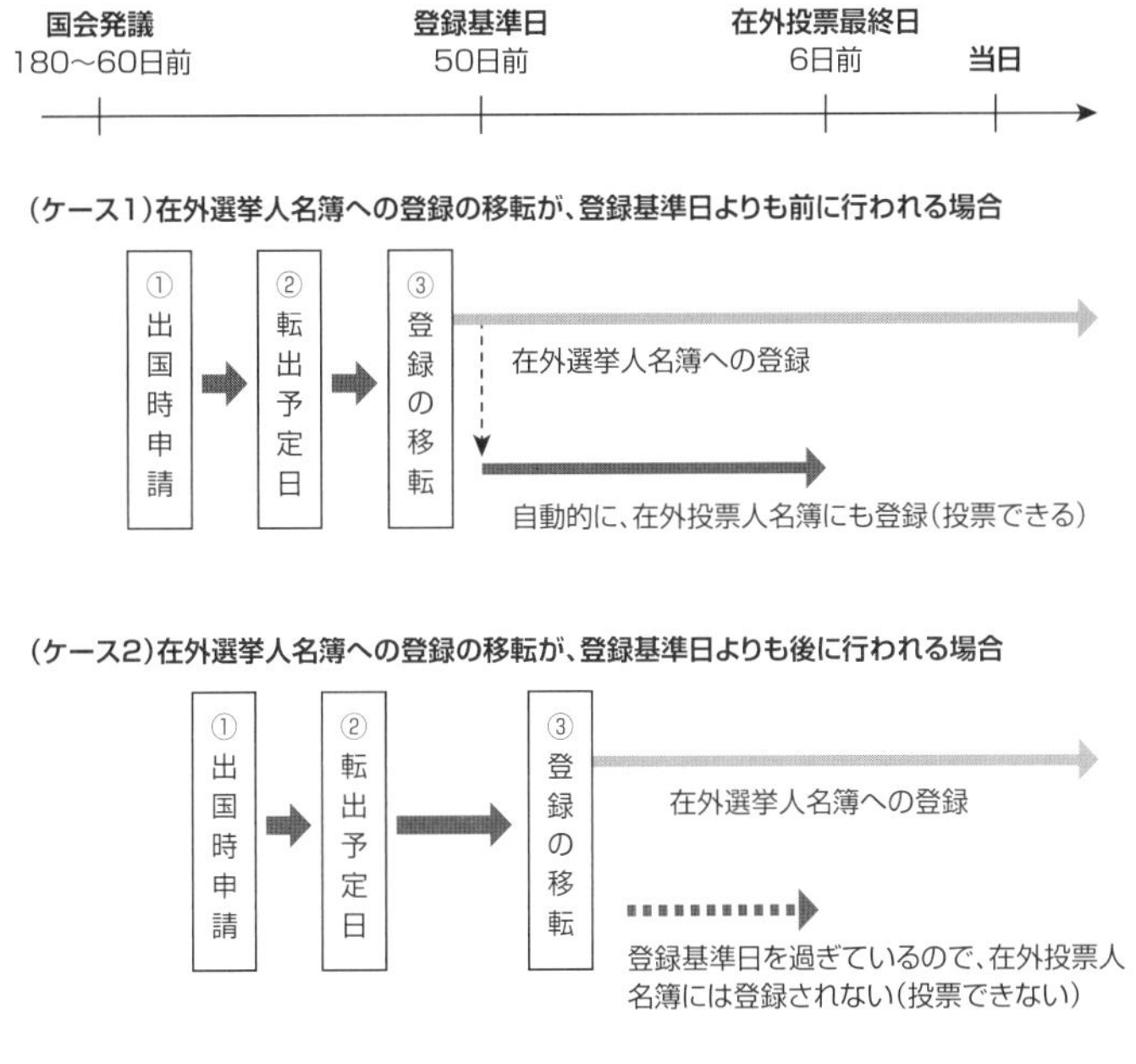

（出典）衆議院憲法審査会事務局『衆憲資第96号　日本国憲法の改正手続に関する法律の一部を改正する法律案（細田博之君外7名提出、第196回国会衆法第42号）に関する参考資料』22頁の図を元に、筆者が作成した。

人名簿に登録されているので、在外投票人名簿にも登録され、国民投票の資格を得ることになります。しかし、ケース２では、登録基準日の後に在外選挙人名簿に登録されているので、基準日を過ぎ、在外投票人名簿には登録されず、国民投票の資格を得られないことになります。２０２１年改正によって、ケース２の事例が救済されました。

SECTION 28

投票箱

投票人名簿等の閲覧

名簿抄本は閲覧可能

投票人名簿等は、法の定める手続に従って閲覧することができます。市区町村の選挙管理委員会は、中央選挙管理会が定める期間（投票期日24日前から15日前までの10日間を想定）、特定の者が投票人名簿に登録された者であるかどうかの確認を行うために、投票人から投票人名簿の抄本を閲覧することが必要である旨の申出があった場合には、その確認に必要な限度において抄本を閲覧させなければなりません（国民投票法第29条の2第1項）。登録に関して不服がある投票人は、前述の期間内において、異議の申出を行うことができます（第25条第1項等）。

抄本閲覧の申出には、①申出者の氏名、②抄本の閲覧により知り得た事項（閲覧事項）の利用目的、③閲覧事項の管理の方法、④その他総務省令で定める事項を明らかにしなければなりません（国民投票法第29条の2第2項）。

閲覧の拒否

もっとも、閲覧は常に認められるわけではありません。市区町村の選挙管理委員会は、①閲覧事項を不当な目的に利用されるおそれがあること、②閲覧事項を適切に管理することができないおそれがあること、③その他申出に係る閲覧を拒むに足りる相当な理由があると認めるときは、閲覧を拒むことができます（国民投票法第29条の2第3項）。

また、市区町村の選挙管理委員会は、投票人の申出により閲覧させる場合を除いては、抄本を閲覧させることができません（国民投票法第29条の3第7項）。

申出者の義務と選管による勧告・命令

申出者は、閲覧事項の漏えいの防止その他の閲覧事項の適切な管理のために必要な措置を講じなければなりません（国民投票法第29条の2第4項）。また、申出者は、本人の事前の同意を得ないで、閲覧事項を利用目的以外の目的のために利用し、または第三者に提供してはなりません（第29条の3第1項）。

市区町村の選挙管理委員会は、①申出者が偽りその他不正の手段により抄本の閲覧をした場合、②本人の事前の同意を得ないで閲覧事項を利用目的以外の目的のために利用し、または第三者に提供した場合、個人の権利利益を保護するために必要があると認めるときは、その申出者に対し、閲覧事項が利用目的以外の目的で利用され、または第三者に提供されないようにするための措置を講ずることを勧告することができます(国民投票法第29条の3第2項)。

また、勧告を受けた者が正当な理由がなくてその勧告に係る措置を講じなかった場合において、個人の権利利益が不当に侵害されるおそれがあると認めるときは、その者に対し、その勧告に係る措置を講ずることを命ずることができます(国民投票法第29条の3第3項)。

さらに、前記の勧告、命令を行ったにもかかわらず、①申出者が偽りその他不正の手段により抄本の閲覧をした場合、②本人の事前の同意を得ないで閲覧事項を利用目的以外の目的のために利用し、または第三者に提供した場合、個人の権利利益を保護するために特に必要があると認めるときは、申出者に対し、閲覧事項が利用目的以外の目的で利用され、または第三者に提供されないための措置を講ずることを命ずることができます(国民投票法第29条の3第4項)。

市区町村の選挙管理委員会は、第29条の2、第29条の3の規定の施行に必要な限度において、申出者に対し、必要な報告をさせることができます（国民投票法第29条の3第5項）。

閲覧状況の公表

市区町村の選挙管理委員会は、その定めるところにより、国民投票の期日後遅滞なく、抄本の閲覧の状況について、①申出者の氏名、②利用目的の概要、③その他総務省令で定める事項を公表するものとされます（国民投票法第29条の3第6項）。

在外投票人名簿への準用

投票人名簿の抄本の閲覧手続に関する規定は、在外投票人名簿についても準用されます（国民投票法第42条の2）。

SECTION 29

投票箱

期日前投票

期日前投票の要件

国民投票には、選挙と同様、期日前投票の制度が認められています(国民投票法第60条)。投票期日14日前から投票期日の前日まで、期日前投票所において可能です。

期日前投票は、次のいずれかの事由が認められる場合に可能です(同条第1項各号)。

①職務もしくは業務、または総務省令で定める用務に従事すること

②用務(①の総務省令で定めるものを除く。)または事故のためその属する投票区の区域外に旅行または滞在すること

③疾病、負傷、妊娠、老衰もしくは身体の障害にあるため、もしくは産褥にあるため歩行が困難であること、または刑事施設、労役場、監置場、少年院、少年鑑別所もしくは婦人補導院に収容されていること

④交通至難の島その他の地で総務省令で定める地域に居住していること、または

当該地域に滞在をすること
⑤その属する投票区のある市区町村の区域外の住所に居住していること
⑥天災または悪天候により投票所に到達することが困難であること　（2021年改正により追加）

①の総務省令で定める用務とは、葬式の喪主等冠婚葬祭の主宰をする者、その者の親族その他社会通念上これらの者に類する地位にあると認められる者が、その冠婚葬祭において行うべきものを指します（国民投票法施行規則第24条）。選挙実務上の取扱いでは、「社会通念上これらの者に類する地位にあると認められる者」には、仲人、司会、手伝い等が含まれます。

投票人は、期日前投票をしようとする場合においては、前記①から⑥までに掲げる事由のうち国民投票の期日、自らが該当すると見込まれる事由を申し立て、かつ、その申立てが真正であることを誓う旨の「宣誓書」を提出しなければなりません（国民投票法施行令第61条）。この点、選挙実務の上では、投票所入場券の裏面に印刷されており、投票人に必要事項を記入させる方式が採られています。

期日前投票の運用

期日前投票所は原則、午前8時30分に開き、午後8時に閉じます（国民投票法第51条第1項本文、第60条第6項）。2021年改正により、市区町村が一つの期日前投票所を設ける場合には、開始時刻と終了時刻をそれぞれ最大2時間延長できるほか、二以上の期日前投票所を設ける場合には、午前8時30分から午後8時までの間、少なくとも一つの期日前投票所が開いていれば、開始時刻及び終了時刻を短縮したり、それぞれ最大2時間延長したりできます（第60条第6項による第51条第1項ただし書の読み替え）。この場合、午前6時30分から午後10時までの幅での長時間運用が可能となります。

市区町村の選挙管理委員会は、期日前投票所を設ける場合には、当該市区町村の人口、地勢、交通等の事情を考慮して、期日前投票所の効果的な設置、期日前投票所への交通手段の確保その他の投票人の投票の便宜のため必要な措置を講ずるものとされます（国民投票法第60条第7項）。また、実際に国民投票が執行される場合には、投票期日の7日前、2日前、前日における期日前投票者数が集計され、公表される予定です。

下表のとおり、国政選挙において当日投票所の数は減少の一途をたどっていますが、期日前投票所、期日前投票者の数は増加傾向にあります。

国政選挙における期日前投票所・投票者数

	選挙期日	期日前投票所数	期日前投票者数	当日投票所数	投票者総数
参	2004.07.11	4,486	7,171,390	53,290	57,990,757
衆	2005.09.11	4,451	8,962,911	53,021	69,526,624
参	2007.07.29	4,519	10,798,737	51,742	60,813,926
衆	2009.08.30	4,572	13,984,085	50,978	72,019,655
参	2010.07.11	4,642	12,085,636	50,311	60,255,670
衆	2012.12.16	4,755	12,038,237	49,213	61,699,475
参	2013.07.21	4,801	12,949,173	48,777	54,798,883
衆	2014.12.14	4,861	13,152,985	48,617	54,743,087
参	2016.07.10	5,308	15,978,516	47,902	58,094,005
衆	2017.10.22	5,384	21,379,977	47,741	56,952,676
参	2019.07.21	5,720	17,062,816	47,033	51,671,922

(出典)総務省公表資料を元に筆者作成

SECTION 30

不在者投票

不在者投票の要件

国民投票には、選挙と同様、不在者投票の制度が認められています（国民投票法第61条）。期日前投票（同法第60条）をしようとする投票人は、その方法によるほか、不在者投票管理者の管理する「投票を記載する場所」において、投票用紙に投票の記載をし、これを封筒に入れて不在者投票管理者に提出することができます。

不在者投票をしようとする投票人は、投票期日の前日までに、その登録されている投票人名簿の属する市区町村の選挙管理委員会の委員長に対して、直接に、または郵便等をもって、その投票をしようとする場所を申し立てて、投票用紙および投票用封筒の交付を請求することができます（国民投票法施行令第64条第1項）。この場合、申立てが真正であることを誓う宣誓書を併せて提出しなければなりません（同施行令第66条）。

その登録されている投票人名簿の属する市区町村以外の市区町村において投票を

しようとする場合のほか、船舶、病院、老人ホーム、原子爆弾被爆者養護ホーム、国立保養所、身体障害者支援施設、保護施設、刑事施設、労役場、監置場、留置施設、少年院、少年鑑別所、婦人補導院において不在者投票をすることができます（国民投票法施行令第72条）。これらにおいては、施設等の長が不在者投票管理者となります（同施行令第69条第2項〜第4項）。

また、国民投票の期日において期日前投票事由（国民投票法第60条第1項各号）に該当すると見込まれる投票人で現に国民投票の投票権を有しないもの（投票期日には18歳となる者で、期日前投票を行う日には18歳を迎えていないもの）は、その者が登録されている投票人名簿の属する市区町村の選挙管理委員会の委員長に対して、直接に、投票用紙および投票用封筒の交付を請求できます（国民投票法施行令第64条第2項）。

重度障害者による不在者投票

重度障害者とは、身体障害者福祉法第4条に規定する身体障害者、戦傷病者特別援護法第2条第1項に規定する戦傷病者、または介護保険法第7条第3項に規定する要介護者で、それぞれ政令で定めるものをいいます（国民投票法施行令第73条）。重度障害者は、自宅などその現在する場所において投票用紙に投票の記載をし、郵便、信書便による方法によって、市区町村の選挙管理委員会の委員長に送付することができます（国民投票法第61条第2項）。

投票用紙に自書することができない者として政令で定めるものは、代理投票をさせることができます（国民投票法第61条第3項、国民投票法施行令第75条）。

特定国外派遣組織における不在者投票

特定国外派遣組織に属する投票人は、国外にある不在者投票管理者の管理する投票を記載する場所において、投票用紙に投票の記載し、これを封筒に入れて不在者投票管理者（組織の長）に提出する方法で不在者投票を行うことができます（国民投票法第61条第4項～第6項、国民投票法施行令第69条第5項）。

特定国外派遣組織とは、法律の規定に基づき国外に派遣される組織のうち、（ア）その組織の長がその組織の運営について管理または調整を行うための法令に基づく権限を有すること、（イ）その組織が国外の特定の施設または区域に滞在していること、という二つの要件を充たし、その組織において不在者投票が適正に実施されるものとして政令で定めるものをいいます（同条第5項）。具体的には、次に掲げる組織のうち、その組織に属する選挙人の数、その組織が国外において業務を行う期間、およびその組織の活動内容に照らしてその組織において不在者投票が適正に実施されると認められるものとして総務大臣が関係大臣と協議して指定されます（国民投票法施行令第80条第1項）。その指定は告示によります（同条第2項）。

○海賊行為の処罰及び海賊行為への対処に関する法律第7条第1項の規定に基づき国外に派遣される自衛隊の部隊
○国際連合平和維持活動等に対する協力に関する法律第4条第2項第4号に規定する国際平和協力隊
○防衛省設置法第4条第1項第9号に規定する教育訓練を国外において行う自衛隊の部隊等（自衛隊法第8条に規定する部隊等をいう。）
○国際緊急援助隊の派遣に関する法律第1条に規定する国際緊急援助隊

指定船舶・便宜置籍船における不在者投票（2021年改正により追加）

指定船舶、便宜置籍船に乗って遠洋区域を航海する船員、実習生は、不在者投票管理者（船長）の管理する場所において、総務省令で定める投票送信用紙に投票の記載をし、これを総務省令で定める市区町村の選挙管理委員会の委員長にファクシミリ装置を用いて送信する方法により、不在者投票を行うことができます（国民投票法第61条第7項、国民投票法施行令第69条第6項）。2021年改正により、この洋上投票の対象が拡大されました。

南極地域調査組織における不在者投票

南極地域観測隊員等は、総務省令で定める投票送信用紙に投票の記載をし、これを総務省令で指定する市区町村の選挙管理委員会の委員長にファクシミリ装置を用いて送信する方法により不在者投票を行うことができます（国民投票法第61条第9項、国民投票法施行令第69条第7項）。

総務省令は、南極投票の投票送信用紙等を交付する市区町村として、東京都中央区および港区を指定しています（国民投票法施行規則第52条）。

不在者投票管理者の責務

不在者投票管理者は、市区町村の選挙管理委員会が選定した者を投票に立ち会わせることその他の方法により、不在者投票の公正な実施の確保に努めなければなりません（国民投票法第61条第10項、国民投票法施行令第69条）。

不在者投票に関する調書

投票人が登録されている投票人名簿または在外投票人名簿の属する市区町村の選挙管理委員会の委員長は「不在者投票事務処理簿」を備え、次に掲げる規定によってとった措置の明細その他必要と認める事項を記載しなければなりません（国民投票法施行令第89条第1項）。

○投票用紙および投票用封筒の請求（国民投票法施行令第64条）
○投票用紙、投票用封筒および不在者投票証明書の交付（同施行令第67条）
○投票人が登録されている投票人名簿の属する市区町村における不在者投票の方法（同施行令第71条）

○郵便等による不在者投票における投票用紙および投票用封筒の請求および交付（同施行令第77条）
○特定国外派遣隊員の長による投票用紙および投票用封筒の請求等（同施行令第81条第4項～第7項）
○不在者投票の送致（同施行令第88条）

SECTION 31

在外投票

在外投票の方法

SECTION 27で確認したとおり、海外に在住する日本国民は、国政選挙と同様、在外投票を行うことができます。在外投票は、次の3つの方法があります。

①在外公館投票

国民投票の投票期日14日前から6日前までの間に、投票人が自ら在外公館の長の管理する投票を記載する場所（在外公館等投票記載場所）へ行き、在外投票人証（または在外選挙人証）、および旅券その他の政令で定める文書を提示して、投票用紙に投票の記載をし、これを封筒に入れて在外公館の長に提出する方法です（国民投票法第62条第1項第1号、国民投票法施行令第94条～第100条）。

②郵便投票

投票人の現存する場所において投票用紙に投票の記載をし、これを在外投票人名簿の属する市区町村の選挙管理委員会の委員長に対し、郵便等により送付する方法です（国民投票法第62条第1項第2号、国民投票法施行令第101条～第102条）。投票人は、投票期日の4日前までに、書面により、登録地の市区町村の選挙管理委員会の委員長に対して、投票用紙、投票用封筒を請求することができます。

①在外公館投票、②郵便投票は、いずれかの一つの方法によることとされます。

③帰国投票

投票人が日本に帰国し、在外投票人名簿

海外在住の有権者も在外投票を行える

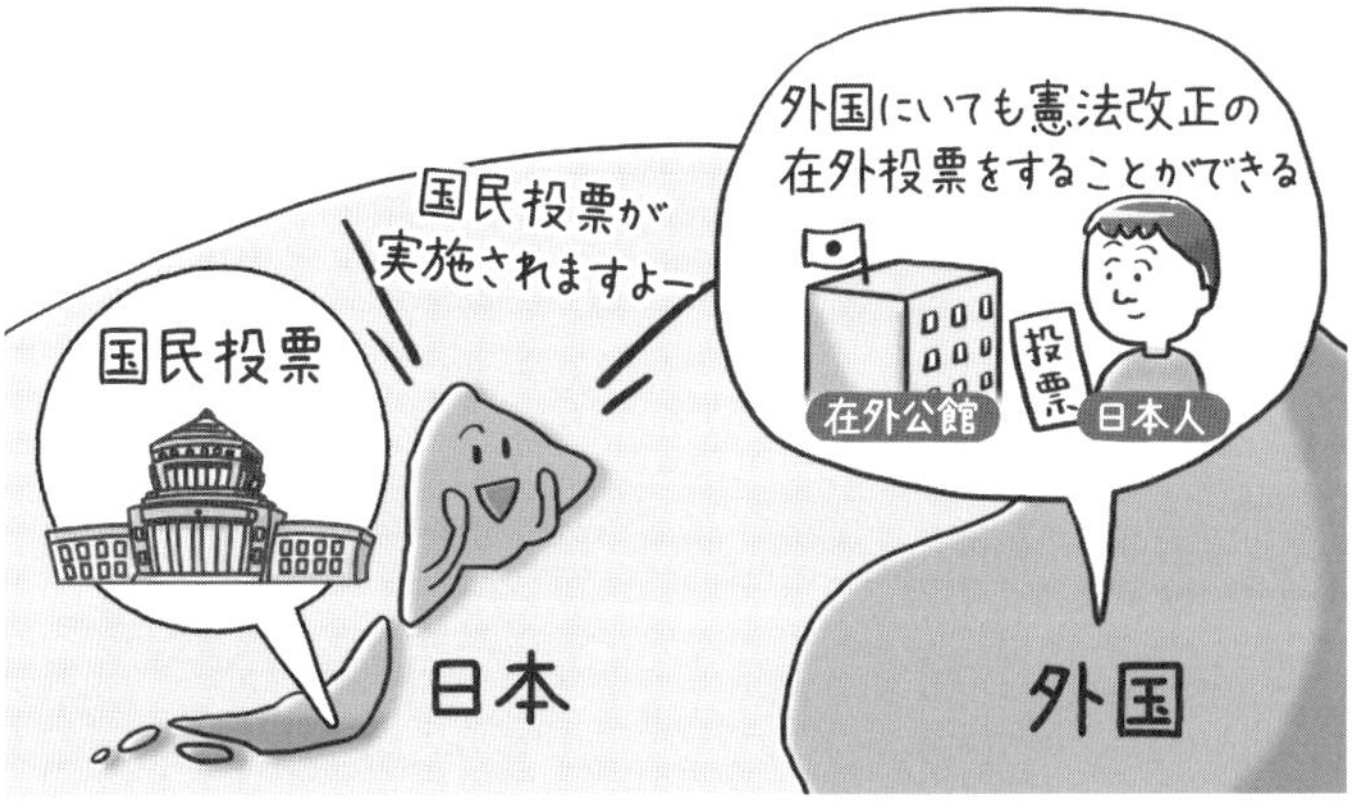
外国にいても憲法改正の
在外投票をすることができる
国民投票が
実施されますよー
国民投票
投票
在外公館
日本人
日本
外国

の登録地である市区町村の、在外投票を扱う投票区（指定在外投票区）で投票する方法です（国民投票法第62条第2項、国民投票法施行令第１０３条）。期日前投票、不在者投票（登録地以外の場所での投票）の方法によることもできます。

第5章

国民投票運動

SECTION 32

国民投票運動の自由と限界

国民投票運動は「原則自由」

国民投票法第7節（第１００条～第１０８条）には、「国民投票運動」という見出しが付されています。

第１００条は、「この節（第7節）及び次節（第8節 罰則）の規定の適用に当たっては、表現の自由、学問の自由及び政治活動の自由その他の日本国憲法の保障する国民の自由と権利を不当に侵害しないように留意しなければならない。」と規定し、国民投票運動は「原則自由」であることを明らかにしています。

そして第1節（総則）第9条は、「検察官、都道府県公安委員会の委員及び警察官は、選挙の取締に関する規定を公正に執行しなければならない。」と定める公職選挙法第7条を準用し、国民投票運動の取締りの公正を確保することを求めています。その自由が一たび侵害されたら、回復することは甚だ困難です。規制、罰則の適用に関しては、とくに慎重な運用が求められます。

国民投票運動の定義

国民投票運動とは、「憲法改正案に対し賛成又は反対の投票をし、又はしないよう勧誘する行為」をいいます（国民投票法第１００条の２）。この定義に従い、次の二点を確認しておきます。

第一に、国民投票運動の対象は「憲法改正案」であるということです。SECTION 15で解説したとおり、憲法改正案とは「国会の発議に係る日本国憲法の改正案」です（国民投票法第14条第1項第1号）。国会が発議をする前は、この意味での憲法改正案は存在しないので、国民投票運動は成り立ちません。

第二に、国民投票運動は、賛成・反対投票の「勧誘」を行為要素とすることです。「勧誘」といえるためには、相手方の意思に、明示的に働きかけることが必要です。その相手方は特定されている必要はありません。逆に、「勧誘」をその要素に含まない行為は、国民投票運動ではなく、憲法改正案に対する「意見表明」と評価されます（両者の区分が困難な事例が生じることは、SECTION 37で解説します）。もっとも、国民投票運動の定義上、投票そのものを棄権することを勧誘する行為も含まれるかどうかについて、政府解釈は確定していません。

国民投票運動の主体

国民投票運動の主体に関しては原則、法的な定義（制限）はありません。個人、団体（企業、政党、NPOなど）を問わず可能です。家族でも、友人どうしでも、SNS上のつながりでも、全く自由です。選挙では、18歳未満の者による選挙運動、18歳未満の者を使った選挙運動が禁止されていますが（公職選挙法第137条の2）、国民投票運動では年齢上の制約はありません。外国人による国民投票運動も自由です。

なお、政府、自治体が国民投票運動を行うことは消極に解されます。自治体の違法、不当な支出が認められる場合、住民監査請求の対象となり得ます。

国民投票運動

憲法改正案に対し賛成又は反対の投票をし、又はしないよう勧誘する行為。

賛成!
賛成に一票!
憲法改正案賛成しよう!
賛成!
賛成派
反対!
憲法改正案反対しよう!
反対に一票!
反対!
反対派

国民投票運動は原則、自由で、個人、友達同士、政党、会社など誰でも可能。未成年者、外国人も禁止されていない。

国民投票運動の方法

国民投票運動の方法に関しても原則、法的な制限はありません。選挙では、立候補の届出を以て選挙運動を開始しますが、国民投票ではそもそも届出という行為は不要であり、任意に始めることができます。

選挙運動の時間に関しては、夜間の街頭演説の禁止（公職選挙法第164条の6第1項）などの規制がありますが、国民投票運動には一切の時間的制約がありません。また、運動期間に関しては、選挙では事前運動のほか、投票期日における選挙運動が禁止されていますが（公職選挙法第129条、第239条第1項）、国民投票法は同条に相当する規定を置いていません。

憲法改正案の公示前であっても「事実上の」国民投票運動を行うことができるほか、投票期日であっても国民投票運動を行うことができます。その他、選挙運動の行為態様として禁止されているものの多くは、国民投票運動としては自由に行うことができます。次ページで、その例を示します。

●国民投票運動として許される例

①ウェブサイト、SNS、メールの利活用
②動画投稿サイトの利活用
③勧誘チラシの作製、配布
④勧誘ポスターの作製、貼り付け
⑤勧誘看板の作製、設置
⑥勧誘グッズの作製、販売
⑦勧誘目的の戸別訪問、署名活動の実施
⑧決起集会、討論会の開催
⑨街頭演説
⑩街宣車等を利用した遊説
⑪勧誘広告の掲載（新聞、雑誌、インターネット、車両ラッピングなど）
⑫広告放送（賛成投票、反対投票の勧誘CMは投票期日の15日前まで可能、非勧誘CMは期間を問わず可能）

（出典）筆者作成

国民投票運動の限界

国民投票法が国民投票運動を原則自由としているのは、主権者である国民自らが憲法改正案に賛成するか、反対するかを判断することを通じて、国のあり方を直接、終局的に決定するという国民投票の重要性を踏まえてのことです。

しかし、国民投票運動をまったく無制限に認めると、運動力ないし影響力のある主体が跋扈《ばっこ》するあまり、憲法改正案に対する個人の自由な意見形成を阻害したり、始終、公正に進められるべき国民投票のプロセスが歪められるなど、その弊害も大きくなります。

そこで国民投票法は、一定の主体制限、行為制限（一部、罰則あり）を定めています。SECTION 33から順に解説します。

SECTION 33

投票事務関係者に対する規制

投票事務関係者による国民投票運動の禁止

国民投票法第101条は、投票事務関係者による国民投票運動を禁止しています。投票事務関係者とは、①投票管理者、②開票管理者、③国民投票分会長、および④国民投票会長を指します。

①投票管理者は、国民投票ごとに市区町村に置かれます（国民投票法第48条）。投票所において、投票人名簿の対照（第55条第2項）、投票用紙の交付（第56条第1項）、代理投票の許容（第59条）、仮投票の許容（第63条）、投票箱・投票録等の開票管理者への送致（第69条）、投票所の秩序維持（第74条）などの事務を担当します。

②開票管理者も、国民投票ごとに市区町村に置かれます（国民投票法第75条）。開票所において、仮投票の受理決定（第80条第1項）、投票の点検（同条第2項）、国民投票分会長への開票の報告（同条第3項）などの事務を担当します。

③国民投票分会長は、国民投票ごとに都道府県に置かれます（国民投票法第89条第

1項)。その都道府県内の全市区町村の投票結果等を集計した国民投票分会録の作成(第92条)などの事務を担当します。

④国民投票長は、国民投票ごとに、中央選挙管理会が選任します(国民投票法第94条第1項)。全都道府県の投票結果等を集計した国民投票会録の作成(第97条)、中央選挙管理会への報告(第98条第1項)などの事務を担当します。

①から④までの投票事務関係者は、投票から開票、国民投票の結果の確定までの手続に関与します。その職務に関係して国民投票運動が行われると、国民投票の公正が害されるおそれが大きいことから、在職中、その関係区域内において国民投票運動をすることができないと定められているのです。

それぞれの職を任ぜられる前、職を解かれた後は、国民投票法第101条第1項の規制は及びません。また、関係する区域の外であれば、国民投票運動を行うことは可能です。

投票事務関係者が本条項に違反し、国民投票運動を行った場合は、6月以下の禁錮または30万円以下の罰金に処せられます(国民投票法第122条)。

不在者投票管理者の国民投票運動も禁止

不在者投票管理者は、業務上の地位を利用して国民投票運動をすることができません（国民投票法第61条第1項、第101条第2項、国民投票法施行令第69条）。「業務上の地位を利用して」とは、日常の職務上有する影響力を利用することです。本条項に違反した場合には、6月以下の禁錮または30万円以下の罰金に処せられます（国民投票法第122条）。

なお、投票立会人（国民投票法第49条）、開票立会人（第76条）、国民投票分会立会人（第90条）および国民投票会立会人（第95条）は、投票、開票の管理に関する権限がないため、国民投票運動は禁止されません。

投票事務関係者への規制

SECTION 34

投票箱

特定公務員に対する規制

6種の特定公務員

特定公務員という名称の公務員が存在するわけではありません。公務員（国・地方）の中でとくに国民投票運動が一切禁止される者を、国民投票法は特定公務員と呼んで整理しています。国民投票法第102条は、次の6種を特定公務員として定めています。

①選管の委員・職員（中央選挙管理会の委員、中央選挙管理会の庶務に従事する総務省の職員、選挙管理委員会の委員・職員）
②国民投票広報協議会事務局の職員
③裁判官（2014年改正により追加）
④検察官（2014年改正により追加）
⑤公安委員会の委員（国、都道府県、方面（北海道））（2014年改正により追加）
⑥警察官（2014年改正により追加）

①から⑥までの特定公務員は、その職務の性格や、各々が有する強制力によって、投票人の意思決定に対し、他の一般職公務員ではなしえない行為が可能であることから、国民投票の公正を確保するため、国民投票運動が禁止されています。

2007年制定法は、特定公務員として①と②のみを定めていました。いずれも、国民投票の管理執行に当たる機関の者です。

③から⑥までは、2014年改正により追加されました。国民投票の公正を確保する観点から、国民投票に関する事件について司法上の判断をする者、国民投票に関する犯罪の捜査、訴追を行う者も、国民投票運動を禁止すべきであるという政策判断に基づくものです。

特定公務員が本条に違反し、国民投票運動を行った場合には、6月以下の禁錮または30万円以下の罰金に処せられます(国民投票法第122条)。

SECTION 35 投票箱

一般職公務員、教員に対する規制

公務員による「純粋な」国民投票運動は許される

公務員（国、地方）は、その公的な職業上の身分にある前に、主権者としての地位を当然に有しています。国民投票運動（賛否の勧誘行為を要素とするもの）、憲法改正に関する意見表明（賛否の勧誘行為を要素としないもの）は本来、自由に行うことができるはずです。

しかし、最高裁判所の判例は、憲法第15条第2項が公務員を「全体の奉仕者」と定めている趣旨などを踏まえ、公務員の政治的中立性と公務に対する国民の信頼を確保するため、公務員の政治活動の自由に対して、最小限度の制約を加えることはやむをえないとの立場を示し、政府もこの解釈を支持し、踏襲しています。

現在、国家公務員法（人事院規則）、地方公務員法など国民投票法より前に制定された公務員関係の法律において、一般職の公務員が「一定の政治的目的を以て行う政治的行為」が禁止されています。その最たるものは選挙運動ですが、他にも、政党や政治団体を結成すること、集会等の開催を主導することなどが明文上、禁止されています。

国民投票運動、憲法改正に関する意見表明との関係では、次のような問題が生じます。つまり、公務員による国民投票運動、憲法改正に関する意見表明の自由を徹底すると、これらに便乗したり、付随させるなどして、前記の公務員関係の法律で禁止されている政治的行為を許すおそれが生じ、公務員に求められる政治的中立性が損なわれてしまうことです。例えば、「憲法改正案に反対しよう！」とだけ書かれたチラシを街頭で配布することは国民投票運動の一環として許されるとしても、このチラシに、特定の政党、議員を支持する内容が含まれている場合には、政治的中立性を確保する観点からは許されないのではないか、という別次元の問題が惹起します。

そこで、公務員による国民投票運動、憲法改正に関する意見表明がどこまで許されるのか、その「線引き」が問題となります。この問題に答えを導くのが、国民投票法第100条の2です。

第100条の2（公務員の政治的行為の制限に関する特例）（2014年改正により追加）

公務員（日本銀行の役員（日本銀行法（平成9年法律第89号）第26条第1項に規定する役員をいう。）を含み、第102条各号に掲げる者を除く。以下この条において同じ。）は、公務員の政治的目的をもって行われる政治的行為又は積極的な政治運動若しくは政治活動その他の行為（以下この条において単に「政治的行為」という。）を禁止する他の法令の規定（以下この条において「政治的行為禁止規定」という。）にかかわらず、国会が憲法改正を発議した日から国民投票の期日までの間、国民投票運動（憲法改正案に対し賛成又は反対の投票をし又はしないよう勧誘する行為をいう。以下同じ。）及び憲法改正に関する意見の表明をすることができる。ただし、政治的行為禁止規定により禁止されている他の政治的行為を伴う場合は、この限りでない。

国民投票法第100条の2本文は、公務員による国民投票運動、憲法改正に関する意見表明をすることができるとする一方、ただし書で、公務員法制上の政治的行為禁止規定により禁止されている他の政治的行為を伴う場合は許されない、としています。法令禁止行為が伴わなければいいと、いわば、純粋な国民投票運動、純粋な意見表明だけを許容しているのです。

本条は、2014年改正により追加されました。公務員には、日本銀行の役員を含み、特定公務員を除きます。また、本来自由であるとされる「憲法改正に関する意見表明」をあえて明示しているのは、人事院規則等の下位法令において意見表明権を制約することを禁じる趣旨です。

公務員が本条に違反した場合には、国民投票法には直接の規定はありませんが、国家公務員法、地方公務員法等の規定に従って、罰則ないし懲戒処分が科せられます。

地位を利用した国民投票運動は禁止

公務員は、純粋な国民投票運動は許されるものの、その地位を利用した態様のものは禁止されます。国民投票法第103条第1項は、公務員等がその地位にあるために特に国民投票運動を効果的に行い得る影響力または便益を利用して、国民投票運動をすることができない旨を規定しています。

本条項でいう公務員等とは、①国、地方の公務員、②行政執行法人、特定地方行政執行法人の役員、職員、③沖縄振興開発金融公庫の役員、職員(公職選挙法第136

条の2第1項第2号)、を指します。

また、個々の具体事例において「地位利用」に該当するかどうかは、その公務員と相手方との関係、行為の場所、態様などを総合的に勘案して考察することが必要であり、一義的に決定することはできません。もっとも、交付金の交付、事業の実施、許認可、監査その他の職務権限を有する公務員が利害関係者等に対してその権限を利用して投票の勧誘を行うことは、「地位利用」に該当する(可能性が高い)と解されます。

①から③までの者が本条項に違反した場合でも、国民投票法には処罰する規定はありません。もっとも公務員法制上は、信用失墜行為に該当するものとして、懲戒処分の対象となり得ます。

公務員による国民投票運動に対する規制

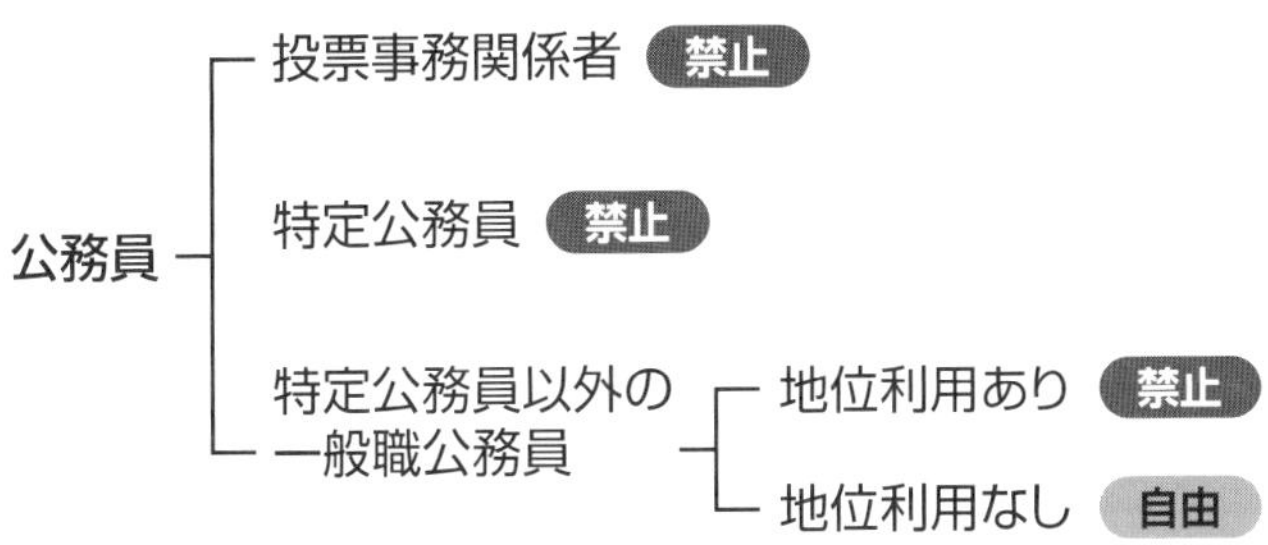

※国民投票運動、意見表明は、公務員法制上の政治的行為禁止規定により禁止されている他の政治的行為を伴うものでなければ可能。

(出典)筆者作成

教育者の地位利用も禁止

国民投票法第103条第2項は、教育者が学校の児童、生徒および学生に対する教育上の地位にあるために特に国民投票運動を効果的に行い得る影響力または便益を利用して、国民投票運動を行うことを禁止しています。

教育者とは、①学校教育法に規定する学校の長、教員、②就学前の子どもに関する教育、保育等の総合的な提供の推進に関する法律に規定する幼保連携型認定こども園の長、教員を指します。また、個々具体的な事例が「地位利用」に該当するかどうかは、その教育者と相手方との関係、行為の場所、態様などを総合的に勘案して考察することが

教育者の地位を利用した国民投票運動の禁止

今度の国民投票で
賛成してくれたら
単位をあげまーす

必要であり、一義的に決定することはできません。もっとも、学生を相手に「投票しないと単位を与えない」と言って勧誘したり、ＰＴＡの会議や家庭訪問のさいに勧誘することは「地位利用」に該当すると解されます。授業中、講義中に憲法改正案について意見を述べただけでは、地位利用にも勧誘行為にも該当しません。

①②の者が本条項に違反した場合でも、国民投票法には処罰する規定はなく、不可罰となります。

国家公務員に準ずる扱い

教育公務員特例法（１９４９年法律第1号）第18条第１項、地方公務員法第36条に従い、国公立の学校の長、教員（教育公務員）が主体となる政治的行為の禁止は、国家公務員と同じ扱いとされます。

国家公務員に準ずるとされた理由は、学校教育を通じた民主主義社会の担い手育成という「国民全体への奉仕」という背景があるからです。教育公務員が政治的行為の禁止規定に違反した場合は、懲戒処分の対象とはなりますが、罰則は科されません（教育公務員特例法第18条第2項）。

SECTION 36

投票箱

メディアに対する規制

放送メディアに対する規制のみ

国民投票法は、放送事業者（テレビ、ラジオ）、新聞社、通信社、出版社、インターネット事業者等の各種メディアに対して、その報道、出版等の内容に対する直接的な規制を行うことを否定しています（国民投票法第１００条）。

もっとも、メディア全般に対する内容規制を否定するとしても、まず放送事業者に対しては、国民投票の公正を確保する観点から政策上の考慮が必要です。放送番組の内容が一過性のものだとしても、それを視聴する国民に与える影響は計り知れません。報道等が客観性、公平性を犠牲にし、情緒的、一方的になされることがあれば、多くの国民が歪んだままの事実を受け止め、意見の形成、評価ないし判断を誤ることが懸念されます。

電波（周波数）が有限である点は近年の多チャンネル化やインターネットの普及でその意義、影響は相対化してきているものの、番組が国民に与える影響を全く度外視することはできません。また、放送を通じた反論権の行使は、その機会が十分に保障されているとは言い難い状況にあります。

国民投票法第104条はこのような問題意識に従って、「放送事業者は、国民投票に関する放送について、放送法第4条第1項の趣旨に留意するものとする。」と規定しています。放送法第4条第1項は、次のように定めています。

第4条（国内放送等の放送番組の編集等）
1 放送事業者は、国内放送及び内外放送（以下「国内放送等」という。）の放送番組の編集に当たっては、次の各号の定めるところによらなければならない。
一 公安及び善良な風俗を害しないこと。
二 政治的に公平であること。
三 報道は事実をまげないですること。
四 意見が対立している問題については、できるだけ多くの角度から論点を明らかにすること。

法律学の分野では、放送法第4条第1項はいわゆる「倫理規範」と解されています。国が同条項を根拠に放送事業者に対して介入する権限を定めたものではなく、あくまで放送事業者が自主的に各号（放送番組編集準則と呼ばれます）を遵守することを求めていると解釈されています。

しかし、政府（総務省）は、同条項を倫理規範ではなく、一般の法規範と同じ性格のものとして理解しています。さらに、一つの番組でも「国論を二分するような政治課題について、放送事業者が、一方の政治的見解を取り上げず、殊更に、他の政治的見解のみを取り上げて、それを支持する内容を相当の期間にわたり繰り返す番組を放送した場合のように、当該放送事業者の番組編集が不偏不党の立場から明らかに逸脱していると認められる場合」は、政治的に公平であるとはいえないとし、総務大臣が行政処分として電波の停止（電波法第76条）を行う可能性を認めています（２０１６年2月12日、衆議院予算委員会理事懇談会において提示された統一見解）。

放送事業者に求められる自主的取組み

前記のとおり、政府が放送事業者に対する行政処分の可能性に触れることは、一般論とはいえ政治的な威嚇に他ならず（そう受け止められても仕方なく）、過度に萎縮させるおそれがあります。憲法第21条第1項が保障する言論・表現の自由、国民の知る権利を侵害する危険が高いと言わざるを得ません。

憲法改正に対する賛成・反対の選択は、主権者・国民一人ひとりにとって重要な課題であり、十分な議論と熟慮を自由な環境の中で重ねるためにも、放送事業者に期待される役割は大きいものがあります。国民投票に関する放送に限らず、放送事業者による自主的な努力、取組みによって、放送の自律が貫徹される必要があります。

国民投票の広告CMの平等性

広告放送の条件上の平等を確保すること

論点としては次のＳＥＣＴＩＯＮ 37に関連しますが、広告放送の条件上の平等についてあわせて解説しておきます。

国民投票法第１０４条は、放送事業者が「番組」の編集に際して放送法第４条第１項の趣旨に留意しなければならない旨を定めていますが、「広告」放送（ＣＭ）についても条件上の公平、平等を担保することを求めるというのが立法者（２００７年制定法）の見解です。

次のような場合に、条件上の「不平等」が生じます。憲法改正案に対する賛成の立場からの意見広告、反対の立場からの意見広告が検討されているとします。賛成広告の方が反対広告よりも視聴率の高い時間帯に放送されたり、同一の金額でも賛成広告の方の放送回数が多かったり、賛成広告の方が安価に設定されたりなどすれば、個々の放送事業者の影響力が事実上、憲法改正案に対する賛成投票の勧誘運動を資金的に支援（後援）するものとして、有利に使われることに他なりません。国民投票の公正を害し、得られた結果に対する信頼を損ねることになるのです。

国民投票法の立案過程においては、放送事業者における広告放送の条件上の平等に関し、明文規定を置いて担保すべきとの議論もみられました(2006年後半期)。しかし、政府ないし国会が放送事業者に介入することが、広告放送そのものの内容や、放送事業者の放送権、編集権に影響を与えるおそれを生むことから、明文規定を置くことは見送られています。広告放送に関するルールは、あくまで放送事業者ないし業界で自主的に制定され、その公正な運用が徹底される必要があるのです。

自主的に決まりを守って放送します!
ビシッ
放送法

SECTION 37

広告放送（CM）規制

広告表現の自由と国民投票運動CM規制

国民投票運動が積極的に展開される中で、憲法改正案に関する「賛成広告」「反対広告」が自由に掲示、掲載されることは、国民投票に臨む有権者にとって重要な意味を持ちます。広告は表現の一形態として、賛否の判断を下す有益な材料を提供するからです。

広告媒体としては、テレビ・ラジオの広告放送（CM）のほか、新聞広告、雑誌広告、インターネット広告（スチル、動画）、交通広告（電車内の中吊り、車両のラッピングなど）、屋外広告（野球場、サッカー場など）、屋外看板、ダイレクトメール、

国民投票運動の広告媒体

チラシなど様々、利用することができます。近年急速に発達しているデジタルサイネージ広告（屋外、店頭、交通機関などあらゆる場所で、ディスプレイなどの電子的な表示機器を使って発信される広告）も有力な手段です。

国民投票法はこれらのうち、広告放送に対する規制のみ定めています（第105条）。何人も、投票期日14日前から投票期日までの間、放送事業者の放送事業者の設備を使用して、国民投票運動のための広告放送（国民投票運動CM）をし、または、させることができません。投票期日14日前（14日前に当たる日の午前零時）からというのは、SECTION 29で解説した期日前投票（国民投票法第60条）が可能となる期間の始まりと一致します。なお、違反行為があった場合でも、罰則規定はなく、不可罰となります。

稀に、本条における規制が「スポットCM規制」と表記されることもありますが、正確ではありません。これは特定の番組の提供者（スポンサー）となるか否かでタイムCMとスポットCMが区分される際の言い回し（一類型）にすぎず、法的概念を混乱させてしまいます。第105条の規制は、タイムCMとスポットCMを区分することなく、「国民投票運動CM」をその対象とすることに注意する必要があります。

国民投票法第105条の立法趣旨と問題点

国民投票運動ＣＭ規制は、「投票期日14日前から」という、投票期日にかなり近接したタイミングで始まります。規制の趣旨・目的は、次の４点に整理できます。

①投票期日が間近に迫ったタイミングで扇情的な内容の国民投票運動ＣＭが放送されると、有権者の判断が歪められてしまうこと。

②投票期日の直前期では、国民投票運動ＣＭの内容に反論するための時間的な余裕がないこと。

③資金力の多寡（多い・少ない）によって、憲法改正案の賛成広告・反対広告のいずれかに放送量が偏ることがないよう、間接的に「総量規制」を及ぼす必要があること。

④期日前投票が行われる期間、および投票期日は、有権者が憲法改正案に対する賛成・反対について冷静な判断、熟慮をすることができるよう、一定の冷却期間を置くべきであること。

国民投票法第105条による国民投票運動CM規制の趣旨は前記のとおりですが、以下の問題点を指摘できます。

第一は、国民投票法第105条が、国民投票運動CMのみを規制対象としている点です。条文を反対に解せば、憲法改正案に対する賛成投票・反対投票の勧誘表現を含まない、つまり国民投票運動(第100条の2)には該当しないCM(意見表明CM)であれば本条の規制対象とならず、投票期日まで許されることになってしまいます。国民投票運動CM(勧誘CM)と意見表明CM(非勧誘CM)の区別は相対的なものであり、社会的な影響力のある芸能人、文化人らが出演する意見表明CMであれば事実上、国民投票運動CMに匹敵する勧誘効果を上げることが容易に想像できます。意見表明CMの形式をとって、脱法的に放送されるおそれがあります。

第二は、国民投票法第105条が、投票期日15日前までの国民投票運動CM、意見表明CMを許容している点です。つまり、憲法改正の発議の後、投票期日15日前(15日前の午後12時)までの最長

国民投票運動CM・意見表明CMの規制

期間	国民投票運動CM	意見表明CM
発議日～投票期日15日前	○	○
投票期日14日前～投票期日	×(第105条)	○

(出典)筆者作成

１６６日間、賛成、反対のいずれかで資金の多い側が始終優位に立って、国民投票運動ＣＭ、意見表明ＣＭを放送し続けることが可能になってしまいます。資金に乏しい側は、ＣＭという手段を以て、適時、有効に反論を行うことができません。

民放連のガイドライン

国民投票法第１０５条が定める内容のほか、ＳＥＣＴＩＯＮ 36で触れた「放送条件上の平等の確保」などの運用に係るルールは、同条を補充する趣旨で、個々の放送事業者ないし一般社団法人日本民間放送連盟（民放連）が自主的に決定する必要があります。

この点、民放連は近年、「憲法改正国民投票運動の放送対応に関する基本姿勢」（２０１８年12月20日）、「国民投票運動ＣＭなどの取り扱いに関する考査ガイドラインの公表について」（２０１９年３月20日）をそれぞれ発表しています。後者は、番組基準と同様「民放各社が自ら判断するための参考資料」としつつ、19項目の基準を定めています。

以下、全文を引用します。

◉２０１９（平成31）年3月20日
国民投票運動CMなどの取り扱いに関する考査ガイドラインの公表について
日本民間放送連盟

（放送事業者の責務）

日本国憲法の改正手続に関する法律（国民投票法）は、国民投票運動を「憲法改正案に対し賛成又は反対の投票をし又はしないよう勧誘する行為」と定義し、国民一人ひとりが萎縮することなく国民投票運動を行い、自由闊達に意見を闘わせることが必要であるとの考えから、国民投票運動は原則自由とされている。

ただし、放送においては、▽国民投票に関する放送については、放送法第４条第１項の規定の趣旨に留意するものとする（第１０４条）、▽何人も、国民投票期日前14日から投票日までの間においては、国民投票運動のための広告放送をし、又はさせることができない（第１０５条）――と規定されている。これは、言論に対しては言論で対処することを前提としつつも、放送メディアの影響力の大きさを踏まえたものと言える。

憲法改正という国の骨格を定める重要な問題について、報道・広告を含めた放送全ての側面で、正確かつ多角的な情報を積極的に提供することは、放送事業者の当然の責務である。さらに、国民投票運動期間中に取り扱うCMについても、国民投票運動の自由を原則としつつ、放送メディアの影響力を自覚し、視聴者の利益に適うという放送基準の目的を達成するものでなければならないことは言うまでもない。

（ガイドラインの位置付け）

民放各社で国民投票運動CMを取り扱うにあたっては、他のCMと同様、自社の番組基準（民放連 放送基準）に基づき、適切な考査を行うことは当然であるが、国民投票運動というこれまで経験したことのない事象に取り組むことになる。このため、「憲法改正国民投票運動の放送対応に関する基本姿勢」で示された考え方を、民放各社が具体的な考査判断に適用できるよう、特に留意すべき事項を現時点でまとめたものが、このガイドラインである。番組基準（民放連 放送基準）の運用は、民放各社が自主・自律的に運用することとしており、この考査ガイドラインも民放各社が自ら判断するための参考資料と位置付けるものである。なお、本ガイドラインは必要に応じて見直すことがある。

（原則）

「憲法改正国民投票運動の放送対応に関する基本姿勢」は、国民投票運動ＣＭはその内容から、より慎重な対応が求められるものであり、放送基準第89条「広告は、真実を伝え、視聴者に利益をもたらすものでなければならない」を前提に、▽広告は、たとえ事実であっても、他をひぼうし、または排斥、中傷してはならない（第１０１条）、▽番組およびスポットの提供については、公正な自由競争に反する独占的利用を認めない（第97条）――などについて、特に留意することを求めている。

さらに、投票を直接勧誘しないものの、国民投票運動を惹起させるＣＭや憲法改正に関する意見を表明するＣＭなどについても、主権者一人ひとりが冷静な判断を行うための環境整備に配慮することを目的に、国民投票運動ＣＭと同様、投票期日前14日から投票日までの間は取り扱わないことを推奨している。

この「基本姿勢」を前提としつつ、これまで各社が培ってきた「意見広告」に関する考査上の留意点などを踏まえ、国民投票運動ＣＭなどの考査に当たる必要がある。

（考査ガイドラインの適用範囲）

（1）この考査ガイドラインは、「国民投票運動CM」と「憲法改正に関する意見を表明するCMなど」に適用する。

（2）「国民投票運動CM」とは、憲法改正案に対し賛成・反対の投票をするよう（または投票しないよう）勧誘する内容のCMを指す。

（3）「憲法改正に関する意見を表明するCMなど」とは、憲法改正案に対する賛成・反対の意見の表明にとどまり、投票の勧誘を行わない内容のCMや、憲法改正には直接言及しないものの、CM全体からみて憲法改正について意見を表明していると放送事業者が判断するCMを指す。また、意見広告や政党スポットにおいても、CM全体からみて憲法改正について意見を表明していると放送事業者が判断するCMは「憲法改正に関する意見を表明するCMなど」に含むものとする。

（4）このガイドラインで「CM」と記載している場合、「国民投票運動CM」と「憲法改正に関する意見を表明するCMなど」を指すものとする。

（広告主）

（5）広告の出稿を受け付ける法人・団体については、これまでの活動実績や放送基準各条などを踏まえ、広告主としての適否を放送事業者が総合的に判断する。

（6）個人が出稿するCMは、個人的売名につながりやすく、また、放送にはなじまないことから取り扱わない。

（7）放送事業者は、広告主の意見・主張の内容やそれぞれの立場などにかかわらず、CM出稿の要望には真摯に応対しなければならない。

（8）放送事業者は、「国民投票運動CM」および「憲法改正に関する意見を表明するCMなど」を受け付ける用意があることを、CM出稿を希望する広告主に対して明示するよう努める。

（出演者）

（9）政党その他の政治活動を行う団体がCMを出稿する場合、選挙（事前）運動であるとの疑いを排するため、政党スポットと同様、所属議員の出演は原則、党首または団体の代表のみとする。

(10)児童・青少年が出演する場合、その年齢にふさわしくない行動や意見表明を行わせるCMは取り扱わない。

(CM内容)

(11)CM内容は、たとえ事実であっても他をひぼうし、または排斥・中傷するものであってはならない(放送基準第101条)。さらに、他への名誉毀損やプライバシーを侵すものであってはならない。

(12)視聴者の心情に過度に訴えかけることにより、冷静な判断を損なわせたり、事実と異なる印象を与えると放送事業者が判断するCMは取り扱わない。

(13)複数の意見や主張が混在して、視聴者にわかりにくい内容となっているCMは取り扱わない。

(14)企業広告や商品広告に付加して主張・意見を盛り込むCM(「ぶら下がり」など)は取り扱わない。

(15)CMには広告主名と連絡先(CMに対する意見の受け付け窓口)を視聴者が確認できる形で明示したものでなければ、取り扱わない。

(16)「国民投票運動CM」の場合はその旨をCM内に明示したものでなければ、

取り扱わない。また、「憲法改正に関する意見を表明するＣＭなど」は「意見広告」である旨をＣＭ内に明示したものでなければ、取り扱わない。

（その他）

(17)放送事業者の意見と混同されないようにするため、ＣＭの放送時間帯はニュースの中・直前・直後を避ける。また、特定の広告主のＣＭが一部の時間帯に集中して放送されることがないよう、特に留意する必要がある。

(18)出版物やイベントの告知であっても、その内容などから国民投票に影響を与えると放送事業者が判断するＣＭについては、「国民投票運動ＣＭ」「憲s法改正に関する意見を表明するＣＭなど」に準じて取り扱う。

(19)上記の留意点を踏まえ適切な対応を行うために、十分な時間を取り、絵コンテ段階から考査を行う。

以上

(URL) https://www.j-ba.or.jp/category/topics/jba102826

基本姿勢、ガイドラインは、投票期日前15日前から投票期日までの間に行われる意見表明CMについて自主規制を及ぼす可能性を示唆しました（本文中は「取り扱わないことを推奨」という言い回しになっています）。CM規制に関する表（前掲）は、下表のとおり修正できます。

ガイドラインは他に、個人の広告主は受け付けないこと、CMには広告主名や連絡先を明記すること、特定の広告主によるCMが一部の時間帯に集中しすぎないようにすること、などの方針を明らかにしています。

しかし、SECTION 36で触れた条件上の平等確保については、直接に言及する箇所が見当たりません。実務上、賛成・反対いずれか一方のCMが優位に（恣意的に）扱われるのではないかという疑念を残しています。民放連は今後、その対応方針を明確にする必要があります。

国民投票運動CM・意見表明CMの規制（修正）

	国民投票運動CM	意見表明CM
発議日〜投票期日15日前	○	○
投票期日14日前〜投票期日	×（第105条）	△（自主規制）

（出典）筆者作成

CMを議論する意義は、相対的に低下

もっとも広告放送(CM)に関する議論は、インターネット広告の急速な拡大により、前述のような解釈論、政策論からウエイトを移すタイミングでもあります。2019年、インターネット広告費は2兆1048億円、テレビメディア広告費が1兆8612億円となり、初めてインターネット広告が優位に立ちました。同年の総広告費6兆9381億円のうち、全体の3割を占めるに至っています(公正取引委員会『デジタル広告分野の取引実態に関する最終報告書』(2021年2月17日)10頁)。この傾向は今後とも変わらず、広告放送に関する議論をする意義は相対的に低下したと受け止める必要があります。

国民投票法は、インターネット広告規制に関して明文規定を置いていません。事業者規制を定める規定を置くか、さらにSECTION 51で述べますが、広告の種類・媒体を問わず費用支出の面で制限することとするか、別途検討が必要です。

SECTION 38 投票箱

組織的多数人買収・利害誘導罪

選挙買収との違い

「買収」といえば、多くの方は、選挙の場面で行われるものをイメージするでしょう。①ある候補者が自分に投票してもらおうと、有権者に現金を渡したり、飲食等の接待をすること、あるいは、②本来、無償で行われるべき選挙運動のスタッフに対して、「時給○○円」「日当○○円」と約束（合意）して支払うことなどです。

①は投票依頼買収（ないし投票買収）、②は運動員買収と呼ばれ、犯罪が成立します（公職選挙法第221条により、3年以下の懲役もしくは禁錮または50万円以下の罰金が科されます）。

①②は、買収者と被買収者が「一対一」の関係で成立するも

買収罪類型の違い（選挙と国民投票）

		選挙	国民投票
単純買収	投票依頼買収	○	×
	運動員買収	○	×
多数人買収		○（個人主体） ○（組織主体）	×（個人主体） ○（組織主体）

（出典）筆者作成

【○成立　×不成立】

のですが（単純買収といいます）、多数人を相手に行われた場合には、刑罰がより重い、③多数人買収罪という犯罪が成立します（公職選挙法第222条により、5年以下の懲役または禁錮が科されます）。以上は、選挙買収に関する説明です。

他方、国民投票の場合には、①②の単純買収は犯罪となりません。国民投票法第109条が、③の多数人買収罪をより厳格な要件で構成し直し、組織的多数人買収罪（第1号）、利害誘導罪（第2号）という犯罪類型を定めるにとどまります。

組織的多数人買収罪とは

国民投票法第109条第1号が規定する「組織的多数人買収罪」とは、一体どのような犯罪なのでしょうか。条文を追いたいところですが、文が長く、接続詞がいくつも絡んで読みづらいので、その犯罪構成要件を次ページでフローチャートにして説明します。

◉組織的多数人買収罪・成立の5要件

〔1〕組織により、

＋

〔2〕多数の投票人に対し、

＋

〔3〕憲法改正案に対する賛成または反対の投票をし、またはしないようその旨を明示して勧誘し、その投票をし、またはしないことの報酬として、

＋

〔4〕①金銭

②憲法改正案に対する賛成または反対の投票をし、もしくはしないことに影響を与えるに足りる物品その他の財産上の利益(国民投票運動において意見の表明の手段として通常用いられないものに限る。)

③公私の職務

(〔4〕①～③のいずれかを対象に、)

＋

〔5〕①供与
②供与の申込み
③供与の約束
← （〔5〕①〜③のいずれかをすること。）
← 〔1〕〜〔5〕をすべて充たすと、組織的多数人買収罪が成立し、
← 3年以下の懲役、禁錮 または50万円以下の罰金が科される。

要件〔1〕は、組織的多数人買収の主体を、「組織」に限定しています。「組織により」とは、2名以上の複数の行為者の間で、指揮命令に基づき、あらかじめ定められた任務の分担に従って、構成員が一体となって行動することです。

要件〔2〕の「多数の投票人に対し」とは、その買収行為がなされた具体的状況に応じて、多くの者を対象とすることです。条文上、具体的に何名以上が多数となるのかは明確でなく、現時点で確定的な解釈ないし基準を述べることはできません。将来、国民投票が行われた後、組織的多数人買収罪の成否が争われる刑事事件の判決が確

定すれば、その事例が一応のメルクマールになり得ます。

要件〔3〕は、憲法改正案に対する賛成・反対の投票の勧誘が、「明示的」に行われることを要求しています。「勧誘」は、外形的に明らかな行為であることが必要です。「報酬」は、一定の対価性が求められることを明記したものです（公職選挙法上の買収罪の規定には、「報酬」の文言がなく、解釈上必要とされているにとどまります）。

要件〔4〕は、その報酬の中身として、3つを明記しています。

②の「憲法改正案に対する賛成または反対の投票をし、もしくはしないことに影響を与えるに足りる物品その他の財産上の利益」とは何かが問題となりますが、その趣旨は被買収者（投票人）の投票行為に影響を与えるに足りる、一定以上の価値があるものに限定するものと解されます。国民投票運動の一環として行われている集会、街頭演説の場所で、ギフト券、宿泊・飲食の割引券などが配布されていれば、通常これらは、被買収者の投票行為に影響を与えるといえます。他方、ティッシュ、うちわ、ボールペン、クリアファイルなどが配布されていたとしても、被買収者の投票行為に影響を与えるとは考えられません。また、かっこ書きに「国民投票運動において、意見の表明の手段として通常用いられないものに限る」とあります。この点、著名なアー

ティスト、ミュージシャンらが参加する集会で、憲法改正に関するメッセージが含まれるCD、DVD等が頒布されることがあっても(これらは一定の財貨性があります)、意見の表明の手段として通常用いられるものであり、「物品その他の財産上の利益」には当たらないといえます。同様に、一定のメッセージが含まれる楽曲を無料でダウンロードさせることも認められます。要件〔5〕は、〔4〕①～③のいずれかが「供与」されることを要求しています。その約束、申込みだけでも犯罪は成立します。

組織的多数人利害誘導罪

国民投票法第109条第2号は、組織的多数人利害誘導罪を定めています。組織的多数人買収(第1号)の成立要件が、金銭、物品等の供与(その申込み、約束を含む。)であったのに対し、利害誘導の成立要件は、多数の投票人との一定の利害関係の下で投票の「誘導」を行うことです。

投票人との関係では、その者またはその者と関係のある社寺、学校、会社、組合、市区町村に対する用水、小作、債権、寄附その他特殊の直接利害関係を利用することが要件となっています。

法定刑は、組織的多数人買収罪と同じ、3年以下の懲役もしくは禁錮、または50万円以下の罰金です。

買収目的交付罪

買収目的交付罪（国民投票法第109条第3号）は、組織的多数人買収、組織的多数人利害誘導を行う目的で、①国民投票運動を行う者に対して金銭、物品の交付（その申込み、約束を含む。）を行った場合、または、②国民投票運動を行う者が金銭、物品の交付を受けた場合（交付の要求、申込みの承諾を含む。）、に成立します。法定刑は、組織的多数人買収罪と同じ、3年以下の懲役もしくは禁錮、または50万円以下の罰金です。

単純買収罪が設けられていない理由

選挙、国民投票に共通して言えることですが、その投票勧誘の目的で金銭が自由に（多額に）使われれば使われるほど、結果の公正さに疑問が残ります。その典型例が買収です。金銭を受け取って投票人の態度が180度変わってしまっては、民主主義が金銭の支配に下り、有権者の意思が政治に正しく反映されません。また、選挙であれば、少なくとも数年に一回「やり直し」の機会が到来するものの、国民投票は次回がいつかも分からず、しかも同一のテーマで行われるとは限りません。この意味で、買収に対しては特段の規制を設けなければならないはずです。

しかし、ここには、国民投票特有の取締りの難しさがあります。

第一の理由は、国民投票では選挙と異なり、国民すべてが(選挙でいう)候補者に相当する地位になることから、小規模で、その影響が限定的な買収行為まで取り締まることが、国民投票運動の自由を著しく制約することにつながることです。国民投票運動期間中に行われる偶発的な、個人的会話レベルの憲法論議に対してさえ、萎縮効果を及ぼしかねません。

第二の理由は、国民投票の結果に関して、賛成投票と反対投票の差が何千万、何百万票というレベルで生じることから、そもそも小規模で、その影響が限定的な買収を取り締まる必要性が認めがたいことです。

国民投票法が単純買収罪を設けていない点を踏まえ、本書は決してそれを奨励する立場ではありませんが、選挙運動期間と国民投票運動期間が重複する事態が生ずるような場合には、買収罪の成否について慎重な判断、運用を行う必要があります。

SECTION 39

投票箱

投票の自由、平穏を害する罪

職権濫用による国民投票の自由妨害罪

国民投票に関し、①国、地方公共団体の公務員、②行政執行法人、特定地方独立行政法人の役員、職員、③中央選挙管理会の委員、中央選挙管理会の庶務に従事する総務省の職員、④選挙管理委員会の委員、職員、⑤国民投票広報協議会事務局の職員、⑥投票管理者、⑦開票管理者、⑧国民投票分会長、⑨国民投票長が故意にその職務の執行を怠り、または正当な理由がなくて国民投票運動をする者に追随し、その居宅に立ち入る等その職権を濫用して国民投票の自由を妨害したときは、4年以下の禁錮に処せられます(国民投票法第111条第1項)。

①から⑨までの者が、投票人に対し、その投票しようとし、または投票した内容の表示を求めたときは、6月以下の禁錮または30万円以下の罰金に処せられます(国民投票法第111条第2項)。

投票の秘密侵害罪

①中央選挙管理会の委員、②中央選挙管理会の庶務に従事する総務省の職員、③選挙管理委員会の委員、職員、④投票管理者、⑤開票管理者、⑥国民投票分会長、⑦国民投票長、⑧国民投票事務に関係のある国、地方公共団体の公務員、⑨立会人、⑩監視者が、投票人の投票した内容を表示したときは、2年以下の禁錮または30万円以下の罰金に処せられます(国民投票法第112条)。その表示した事実が虚偽であるときも、同様です。

投票干渉罪

投票所または開票所において、正当な理由がなくて、投票人の投票に干渉し、または投票の内容を認知する方法を行った者は、1年以下の禁錮、または30万円以下の罰金に処せられます(国民投票法第113条第1項)。

投票箱開披罪

法令の規定によらないで、投票箱を開き、または投票箱の投票を取り出した者は、

3年以下の懲役もしくは禁錮、または50万円以下の罰金に処せられます（国民投票法第113条第2項）。

投票事務関係者、施設等に対する暴行罪等

投票管理者、開票管理者、国民投票分会長、国民投票長、立会人もしくは監視者に暴行もしくは脅迫を加え、投票所、開票所、国民投票分会場もしくは国民投票会場を騒擾し、または投票、投票箱その他関係書類（関係の電磁的記録媒体を含む。）を抑留し、損ない、もしくは奪取した者は、4年以下の懲役または禁錮に処せられます（国民投票法第114条）。

本条は、暴行罪（刑法第208条）の加重類型です。

多衆による国民投票妨害罪

多衆集合して国民投票法第114条の罪を犯した者は、次の区分に従って処断されます（国民投票法第115条第1項）。

○首謀者　＝　1年以上7年以下の懲役または禁錮
○他人を指揮し、または他人に率先して勢いを助けた者　＝　6月以上5年以下の懲役または禁錮
○付和随行した者　＝　20万円以下の罰金または科料

国民投票法第114条の罪を犯すため多衆集合し、当該公務員から解散の命令を受けることが3回以上に及んでもなお解散しないときは、首謀者は2年以下の禁錮、首謀者以外の者は20万円以下の罰金または科料に処せられます（国民投票法第115条第2項）。

投票所、開票所、国民投票会場等における凶器携帯罪

銃砲、刀剣、こん棒その他人を殺傷するに足るべき物件を携帯して投票所、開票所、国民投票分会場または国民投票会場に入った者は、3年以下の禁錮、または50万円以下の罰金に処せられます（国民投票法第116条）。携帯した物件は、没収されます（同第117条）。

SECTION 40

投票手続に対する罪

詐偽登録罪

詐偽の方法をもって投票人名簿または在外投票人名簿に登録をさせた者は、6月以下の禁錮、または30万円以下の罰金に処せられます（国民投票法第118条第1項）。

投票人名簿に登録をさせる目的をもって住民基本台帳法第22条の規定による届出（転入届）に関し虚偽の届出をすることによって投票人名簿に登録をさせた者も、6月以下の禁錮、または30万円以下の罰金に処せられます（国民投票法第118条第2項）。

在外投票人名簿に登録させる目的をもって公職選挙法第30条の5第1項の規定による申請に関し虚偽の申請をすることによって在外投票人名簿に登録をさせた者も、6月以下の禁錮、または30万円以下の罰金に処せられます（国民投票法第118条第3項）。

虚偽宣言罪

投票管理者が投票人に本人である旨、宣言させる場合（国民投票法第63条第1項）において虚偽の宣言をした者は、20万円以下の罰金に処せられます（同法118条第4項）。

投票人名簿の抄本等の閲覧に係る命令違反罪　（2021年改正により新設）

市区町村の選挙管理委員会が、投票人名簿の抄本の閲覧に関する勧告に係る措置を講ずることを命令した場合（国民投票法第29条の3第3項）、または閲覧事項が利用目的以外の目的で利用されないようにする等のための措置を講ずることを命令した場合（同法第29条の3第4項）において、当該命令に違反した者は、6月以下の懲役、または30万円以下の罰金に処せられます（同法第118条の2第1項）。在外投票人名簿の抄本の閲覧に準用される場合を含みます。

投票人名簿の抄本等の閲覧に係る報告義務違反罪　（2021年改正により新設）

市区町村の選挙管理委員会が、投票人名簿の抄本の閲覧の申出者に対して必要な報告をさせた場合に（国民投票法第29条の3第5項）、その報告をせず、または虚偽の報告をした者は、30万円以下の罰金に処せられます（同法第118条の2第2項）。在外投票人名簿の抄本の閲覧に準用される場合を含みます。

偽りその他不正の手段による投票人名簿の抄本等の閲覧等に対する過料（2021年改正により新設）

①偽りその他不正の手段により投票人名簿の抄本または在外投票人名簿の抄本を閲覧した者、②本人の事前の同意を得ないで閲覧事項を利用目的以外の目的に利用したり、第三者に提供した者は、投票人名簿の抄本等の閲覧に係る命令違反罪、報告義務違反罪（国民投票法第118条の2）で刑を科すべき場合を除き、30万円以下の過料に処せられます（同第125条の2各号）。

詐偽投票罪

投票人でない者が投票をしたときは、1年以下の禁錮、または30万円以下の罰金に処せられます（国民投票法第119条第1項）。

氏名を詐称し、その他詐偽の方法をもって投票し、または投票しようとした者は、

2年以下の禁錮、または30万円以下の罰金に処せられます(国民投票法第119条第2項)。

投票偽造・増減罪

投票を偽造し、またはその数を増減した者は、3年以下の懲役もしくは禁錮、または50万円以下の罰金に処せられます(国民投票法第119条第3項)。

本罪は、その者の身分によって、刑が加重されます。次に示す者は、5年以下の懲役もしくは禁錮、または50万円以下の罰金に処せられます(国民投票法第119条第4項)。

・中央選挙管理会の委員
・中央選挙管理会の庶務に従事する総務省の職員
・選挙管理委員会の委員・職員、
・国民投票広報協議会事務局の職員
・投票管理者、開票管理者、国民投票分会長、国民投票長

・国民投票事務に関係のある国・地方公共団体の公務員
・立会人、監視者

代理投票等における記載義務違反罪

心身の故障その他の事由により、代理投票をなすべきと定められた者、重度障害者の不在者投票に関する代理投票人が、投票人の指示する「○」の記号を記載しなかったときは、2年以下の禁錮、または30万円以下の罰金に処せられます（国民投票法第120第1項第2項）。

重度障害者の不在者投票に関する代理投票人が、投票を無効とする目的をもって、投票に関する記載をせず、又は虚偽の記載をしたときも、2年以下の禁錮、または30万円以下の罰金に処せられます（国民投票法第120条第3項）。

立会人の義務を怠る罪

投票立会人、開票立会人が、正当な理由がなくて国民投票法に規定する義務（第68条等）を欠くときは、20万円以下の罰金に処せられます（第121条）。

第6章
投票・開票の手続と国民投票の結果

SECTION 41

投票箱

投票用紙の様式

投票用紙の様式

国民投票で実際に使用される投票用紙は、国民投票法の「別記様式」で定められています。

表面

折目

日本国憲法改正国民投票

都（道府県）（市）（区）（町）（村）
選挙管理委員会　印

裏面

○注意《ちゅうい》

一　憲法改正案《けんぽうかいせいあん》に賛成《さんせい》するときは、次《つぎ》の欄内《らんない》の賛成《さんせい》の文字《もじ》を○の記号《きごう》で囲《かこ》むこと。

二　憲法改正案《けんぽうかいせいあん》に反対《はんたい》するときは、次《つぎ》の欄内《らんない》の反対《はんたい》の文字《もじ》を○の記号《きごう》で囲《かこ》むこと。

三　○の記号《きごう》以外《いがい》は何《なに》も書《か》かないこと。

記《き》載《さい》欄《らん》	
賛《さん》成《せい》	反《はん》対《たい》

備考

1　用紙は、折りたたんだ場合においてなるべく外部から○の記号を透視することができない紙質のものを使用しなければならない。

2　二以上の憲法改正案について国民投票を行う場合においては、いずれの憲法改正案に係る投票用紙であるかを表示しなければならない。

3　投票用紙に押すべき都道府県の選挙管理委員会の印は、都道府県の選挙管理委員会の定めるところにより、都道府県の印又は市町村の選挙管理委員会の印若しくは市町村の印をもってこれに代えても差し支えない。（※筆者註・特別区を含む）

4　不正行為を防止することができる方法で投票用紙を印刷することができると認められる場合に限り、都道府県の選挙管理委員会は、その定めるところにより、投票用紙に押すべき都道府県又は指定都市の選挙管理委員会の印を刷込み式にしても差し支えない。

5　投票用紙は、片面印刷の方法により調製しても差し支えない。

投票用紙の裏面には、「賛成」の文字および「反対」の文字が、あらかじめ印刷されています（国民投票法第56条第2項）。

備考二で記されているように、複数の憲法改正案について、同一の投票期日に国民投票が行われる場合には、いずれの憲法改正案に係る投票用紙であるかを表示しなければなりません。この点は、例えば「同性婚に関する憲法改正案」、「教育充実に関する憲法改正案」というような表示がそれぞれの投票用紙になされるとともに、用紙の混同を避け、開票事務を効率的に行うため、投票用紙の色を別異のものにするなどの配慮が施されると解されます。

SECTION 42

投票箱

投票の手続

賛成・反対いずれかに「○」を自書

投票所入場券は、投票期日15日前までに投票人に交付(郵送)されます(国民投票法施行令第43条第1項は、市区町村の選挙管理委員会の努力義務として定めています)。投票人は投票期日の当日、投票所入場券を持って投票所に行き、投票所において投票をすることが原則です。

投票所は原則、午前7時から午後8時まで開かれます(国民投票法第51条第1項本文)。投票人は、投票所に到着したら、まず、投票所入場券を提示し、投票人名簿の対照を受けます(同第55条第2項)。投票人名簿に登録されていることが確認されれば、投票用紙の交付を受けます(国民投票法施行令第47条第1項)。投票所入場券を持ち合わせていなくても、本人の確認ができれば投票用紙の交付を受けることができます。

投票人は、投票用紙を受け取り、投票記載所で記載します。投票記載所には、憲法改正案およびその要旨が掲示されています(国民投票法第65条第1項本文)。

投票用紙には、「賛成」の文字、「反対」の文字があらかじめ記載されており(国民投票法第56条第2項)、投票人はいずれかに「○」の記号を自書し、これを投票箱に入れます(国民投票法施行令第49条)。他の選択肢を「×」の記号、二重線その他の記号を記載することにより抹消した投票は、残り一つの投票をする意思とみなされ、有効な投票と扱われます(国民投票法第81条)。投票人は、誤って投票用紙を汚損した場合においては、投票管理者に対して、その引換えを請求することができます(国民投票法施行令第48条)。

投票用紙は、投票管理者および投票立会人の面前において、投票人が自ら投票箱に入れなければなりません(国民投票法施行令第49条)。

同一の投票期日において二以上の憲法改正案に係る国民投票が行われる場合には、一の投票が完了した後、さらに別の投票用紙を受け取り、同じ作業を繰り返します。

点字投票と代理投票

目が見えない投票人には、点字投票が認められます(国民投票法第58条)。投票管理者に対してその旨を申し立て、投票管理者から、点字投票の投票用紙の交付を受けなければなりません（国民投票法施行令第50条第2項）。不在者投票による場合には、市区町村の選挙管理委員会の委員長に対し、その旨を申し立てなければなりません（同施行令第64条第3項）。

心身の故障その他の事由により、自ら「〇」の記号を記載することができない投票人は、投票管理者に申請し、代理投票をさせることができます（国民投票法第59条第1項）。この場合、投票管理者は、投票立会人の意見を聴いて、投票所の事務に従事する者のうちから当該投票人の投票を補助すべき者2人を定め、その1人に投票の記載をする場所において投票用紙に当該投票人が指示する賛成の文字または反対の文字を囲んで「〇」の記号を記載させ、他の1人をこれに立ち会わせなければなりません（同条第2項）。投票管理者が、代理投票をさせるべき事由がないと認めるときは、投票立会人の意見を聴いて、その拒否を決定することができます（国民投票法施行令第52条第1項）。

無効投票の例

次のいずれかに該当する投票は、無効となります（国民投票法第82条各号）。

1 所定の用紙を用いないもの
2 ◯の記号以外の事項を記載したもの
3 ◯の記号を自書しないもの
4 賛成の文字を囲んだ◯の記号および反対の文字を囲んだ◯の記号をともに記載したもの
5 賛成の文字または反対の文字のいずれを囲んで◯の記号を記載したかを確認し難いもの

SECTION 43

開票の手続

開票作業の開始

投票期日、投票所を閉じるべき時刻になったときは、投票管理者は、その旨を告げて投票所の入口を閉鎖し、投票所にある投票人が投票を終わるのを待って、投票箱を閉鎖しなければなりません（国民投票法第67条第1項）。投票管理者はその後に投票録を作り、投票に関する次第を記載し、投票立会人とともに、これに署名します（第68条）。そして、投票箱、投票録、投票人名簿、在外投票人名簿を開票管理者に送致します（第69条）。

開票は、すべての投票箱の送致を受けた日、またはその翌日に行われます（国民投票法第79条）。開票所（第77条）において、開票管理者は開票立会人の立会いの下、投票箱を開き、まず仮投票（第63条第3項第5項）の調査を行い、開票立会人の意見を聴き、その投票を受理するかどうかを決定します（第80条第1項）。このとき、代理投票、不在者投票および在外投票の受理の決定も行われます（国民投票法施行令第

114条）。

開票管理者は次に、各投票所および期日前投票所の投票を開票区ごとに混同して、投票を点検します（国民投票法第80条第2項）。点検とは、投票用紙を仕分けしながら（投票箱の開披分類）、賛成投票、反対投票、無効投票の数を確定させることです。票数の計算は、計数読取機にかけるだけではなく、開票事務に従事する者（計数係）2人に各別に憲法改正案に対する賛成の投票の数および反対の投票の数を計算させることになっています（国民投票法施行令第115条）。いわゆる疑問票は、開票管理者がその効力を決定します（国民投票法第81条）。投票の点検が終了したら、開票管理者は直ちにその結果を国民投票分会長に報告しなければなりません（第80条第3項）。

開票管理者は、開票録を作り、開票に関する次第を記載し、開票立会人とともに、これに署名します（国民投票法第84条）。投票用紙は、有効投票と無効投票とを区別し、投票録、開票録と併せて、国民投票無効訴訟（第127条）が裁判所に係属しなくなった日、または投票日から5年を経過した日のうち、いずれか遅い日まで保存しなければなりません（第85条）。開票に関する書類も同様です（国民投票法施行令第121条）。

国民投票分会

国民投票分会長は、都道府県ごとに置かれます（国民投票法第89条）。都道府県の区域内におけるすべての開票管理者から報告を受けた日、またはその翌日に、国民投票分会を開き、その報告を調査します（第91条第3項）。調査が終わると、国民投票分会長はその結果を、国民投票長に報告しなければなりません（第93条）。

国民投票分会長は、国民投票分会録を作り、国民投票分会に関する次第を記載し、国民投票分会立会人とともに、これに署名します（国民投票法第92条第1項）。国民投票分会長は、国民投票分会の事務が終了した場合においては、国民投票分会録および国民投票分会に関する書類を都道府県の選挙管理委員会に送付します（国民投票法施行令第127条）。国民投票分会録は、開票の報告に関する書類と併せて、都道府県の選挙管理委員会において、国民投票無効訴訟（第127条）が裁判所に係属しなくなった日、または国民投票の期日から5年を経過した日のうちいずれか遅い日まで、保存しなければなりません（国民投票法第92条第2項、国民投票法施行令第128条）。

国民投票会

国民投票に際し、国民投票長が置かれます（国民投票法第94条第1項）。国民投票長は、中央選挙管理会が選任します（同条第2項）。

国民投票長は、国民投票分会長から結果の報告を受けた日、またはその翌日に、国民投票会を開き、報告を調査します（国民投票法第96条第3項）。調査を終わったときは、国民投票長は、その結果を中央選挙管理会に報告しなければなりません（第98条第1項）。

国民投票長は、国民投票録を作り、国民投票会に関する次第を記載し、国民投票会立会人とともに、これに署名します（第97条第1項）。国民投票会に関する書類も同様です（国民投票法施行令第134条）。国民投票長は、国民投票会の事務が終了した場合においては、国民投票録及び国民投票会に関する書類を中央選挙管理会に送付します（第133条）。国民投票録は、国民投票分会の報告に関する書類と併せて、中央選挙管理会において、国民投票無効訴訟（国民投票法第127条）が裁判所に係属しなくなった日、または国民投票の期日から5年を経過した日のうちいずれか遅い日まで、保存しなければなりません（国民投票法第97条第2項、国民投票法施行令第134条）。

投票結果の告示

中央選挙管理会は、国民投票長からの報告を受けたときは、直ちに①投票総数、②賛成投票数、③反対投票数、④賛成投票数が投票総数の過半数を超える旨または超えない旨、を官報で告示するとともに、総務大臣を通じ、内閣総理大臣に通知しなければなりません（国民投票法第98条）。内閣総理大臣は、通知を受けたときは、直ちに①から④までの事項を衆参両院の議長に通知します（同条第3項）。

SECTION 44

「過半数」の意義

分母に関する、3つの考え方

憲法改正が成立するには、国民投票において「その過半数の賛成を必要とする」とされます（憲法第96条第1項）。この過半数をどう考えるか、基準となる母集団（分母）の数をどう考えるかついて、国民投票法の制定以前から議論が続いてきました。

第一に、有権者数を基準とする考え方です。有権者は、投票を行った者と投票を棄権した者に分かれますが、あえて区別しない総数を基準に置く立場です。しかし、憲法第96条第1項は、「特別の国民投票・・・において、その過半数の賛成を必要とする」と、投票に行った者を基準とする書きぶりになっています。また、有権者数を基準とすると、投票に行って反対投票をした者と投票を棄権した者とが同じ扱いになってしまい、正確な民意が判明しなくなります。

第二に、投票総数を基準とする考え方です。投票総数は、有効投票数と無効投票数の合計から成り立ちます。憲法第96条第1項は、単に「国民投票の過半数」と定めていることからして、素直な解釈であるともいえます。しかし、無効投票数をあえて母集団に含めることの実益、合理性があるのか、疑問が残ります。

第三に、有効投票数を基準とする考え方です。無効投票数を除く点で、合理的であるといえます。しかし、単に「国民投票の過半数」と定める憲法第96条第1項の文言からは、少し離れてしまいます。

折衷的な考え方

国民投票法は、前記第二と第三の折衷的な立場を採っています。

まず、用語として、第二の投票総数を基準とする考え方に立った上で、投票総数を「憲法改正に対する賛成投票数および反対投票数を合計した数」と定義し（国民投票法第98条第2項）、無効投票数を排し、有効投票数を基準とする考え方を実質的に採用しています。形式的には投票総数、実質的には有効投票数です。

なぜ、このような定義が可能になるのかといえば、SECTION 41で解説したとおり、投票用紙にあらかじめ「賛成」「反対」の文字を印刷しておくことにより、投票方法を簡素化することで、無効投票を限りなくゼロに近づける制度設計をしているからです（投票総数≒有効投票総数）。

国民投票法第98条第2項の「投票総数」の定義は、国民投票法の制定過程（2005～06年）において、分母を投票総数とするか（民主案）、有効投票数とするか（自公案）という論点対立があり、両案の妥協を図るために置かれた経緯があります。元々、民主案が投票総数を基準とすべきとしたのは、①憲法第96条第1項後段で「投票において」とあることから、棄権票を排しつつ、②同項は「承認」となっており、反対投票、無効票のいずれも「承認しない」という意味では同じで、合わせて取り扱うことが妥当である、と考えたからです。一方、自公案は有効投票総数を基準とし、投票用紙には「○」「×」のいずれかを記載する内容でした。議論の結果、前記の投票用紙の制度設計を加味することにより、両案は実質的な違いが無くなり、現在の条文が採用されています。

SECTION 45

投票箱

国民投票無効訴訟

国民投票無効訴訟とは

国民投票の結果（憲法改正の成立・不成立）に異議がある投票人は、自ら原告となり、中央選挙管理会を被告として、東京高等裁判所に訴訟を提起することができます。これが国民投票無効訴訟の制度です（国民投票法第127条）。

出訴期間は、国民投票の結果が告示された日から30日以内です。投票人の異議申立権の保障からすれば、できるだけ長い期間が認められるべきですが、国民投票の結果が早期に確定すべきであるという憲法上の要請からすれば、あまり長い期間が設けられることは好ましくありません。両論の調和の見地から、30日以内という期限が定められています。

3つの無効事由

裁判所は、①国民投票を無効とすべき事由があり、かつ、②その事由があるために、国民投票の結果に異動を及ぼすおそれがあるときは、国民投票の全部または一部の無効判決を下します（国民投票法第128条第1項）。①の無効事由は、次の3つに限られます（同項第1号～第3号）。

第一に、投票管理執行上の手続違反があることです。国民投票の管理執行に当たる機関が、国民投票の管理執行につき遵守すべき手続に関する規定に違反したことです。国民投票の管理執行に当たる機関とは主に、市区町村の選挙管理委員会、都道府県の選挙管理委員会および中央選挙管理会を指します。国民投票広報協議会は含まれません（国民投票法第128条第2項）。

第二に、投票の自由妨害が認められることです。国民投票法第101条（投票事務関係者の国民投票運動の禁止）、第102条（特定公務員の国民投票運動の禁止）、第109条（組織的多数人買収罪、組織的多数人利害誘導罪および買収目的交付罪）、第111条（職権濫用による国民投票の自由妨害罪）、第112条（投票の秘密侵害罪）、および第113条（投票干渉罪）までの各規定について、多数の投票人が一般にその自由な判断による投票を妨げられたといえる重大な違反があったことです。

第三に、投票の集計に誤りがあることです。憲法改正案に対する賛成投票数または反対投票数の確定に関する判断に誤りがあったことです。

①の無効事由が第一から第三までに限定されたのは、選挙無効訴訟とは異なり、裁判所の判例の蓄積による基準の確立が期待できない案件であり、裁判所が無効事由を政治的、恣意的に判断することを防止するためです。

効果発生停止手続の意義

国民投票無効訴訟が提起されても、憲法改正案に係る国民投票の効力は、停止しません（国民投票法第130条）。濫訴の弊害を防ぐ目的で、あえて明文で定められています。

しかし、国民投票の結果、有効なものとしていったん公布され、施行された憲法改正が、後に、全部または一部の無効判決が確定し、結果が覆ることは、憲法体系を実に不安定な状態に陥れます。

そこで、憲法改正が無効とされることにより生ずる重大な支障を避けるための緊急の必要があるときは、裁判所は、申立てにより、決定をもって、憲法改正の効果の発生の全部または一部の停止をすることとなっています（国民投票法第133条第

1項本文)。「緊急の必要があるとき」とは、憲法改正の施行期日が迫っている場合などです。

効果発生停止手続は、国民投票の結果を覆すものでも、効力を否定するものでもありません。公布の効力、施行期日にも影響しません。憲法改正が施行されることではなく、それが無効とされることにより生じる支障が問題となります。効果発生停止の決定が確定したときは、憲法改正の効果の発生は、本案に係る判決が確定するまでの間、停止します(国民投票法第133条第2項)。

申立てがあってから、裁判所がいつまでに判決を下すかという期限について、国民投票法は明文規定を置いていません。もっとも、司法判断がないまま、憲法改正が施行されてしまった場合には申立ての利益を当然に失い、本条における司法機関としての役割が果たせないことになってしまうことから、実際の事件処理は迅速に行われると考えられます。

再投票

国民投票無効訴訟の結果、憲法改正案に係る国民投票の全部または一部が無効となった場合は、更に国民投票を行わなければなりません。再投票の制度です（国民投票法第135条第1項）。

再投票は、これを行うべき事由が生じた日から起算して、60日以後180日以内において、国会の議決した日に行われます（国民投票法第135条第3項）。内閣は、再投票の日に係る議案の送付を受けたときは（国会法第65条第1項）、速やかに、総務大臣を経由して、再投票の期日を中央選挙管理会に通知しなければなりません（国民投票法第135条第4項）。中央選挙管理会は、内閣からの通知があったときは、速やかに、再投票の期日を官報で告示することとされています（同条第5項）。

国民投票無効訴訟の結果、憲法改正案に係る国民投票の全部または一部が無効となった場合において、再投票を行わないで当該憲法改正案に係る国民投票の結果を定めることができるときは、国民投票会を開き、これを定めます。これを更正決定といいます（国民投票法第135条第6項）。

SECTION 46

投票箱

国民投票の執行に要する費用

第一号法定受託事務として自治体が負担

ＳＥＣＴＩＯＮ 19で解説したとおり、国民投票公報の印刷は都道府県の選挙管理委員会が行うこととされます（国民投票法第18条第2項）。また、ＳＥＣＴＩＯＮ 27で解説したとおり、投票人名簿の調製は市区町村の選挙管理委員会が行うこととされます（第20条第1項）。

国民投票法はその他にも、都道府県、市区町村が行うべき事務を定めています。これらは、地方自治法第２条第９項第１号が定める「第一号法定受託事務」です（第１５０条）。公職選挙法第５条の３（中央選挙管理会の技術的な助言及び勧告並びに資料の提出の要求）、第５条の４（中央選挙管理会の是正の指示）、および第５条の５（中央選挙管理会の処理基準）は、国民投票の執行に関する事務について準用されます（国民投票法第８条の２）。

執行費用の内訳

国民投票の執行に係る費用は、すべて国庫の負担となります（国民投票法第１３６条）。その内訳は、次の①から⑪までです。

①投票人名簿および在外投票人名簿の調製に要する費用（投票人名簿及び在外投票人名簿を調製するために必要な情報システムの構築及び維持管理に要する費用を含む。）
②投票所、共通投票所および期日前投票所に要する費用
③開票所に要する費用
④国民投票分会および国民投票会に要する費用
⑤投票所等における憲法改正案等の掲示に要する費用
⑥憲法改正案の広報に要する費用
⑦国民投票公報の印刷および配布に要する費用
⑧国民投票の方法に関する周知に要する費用
⑨第１０６条および第１０７条の規定による放送および新聞広告に要する費用

⑩不在者投票に要する費用

⑪在外投票に要する費用

国民投票法の立案の際には、衆議院規則第28条第1項後段の規定に基づき、①から⑪までの総額を約852億円と見積もりました。あくまでも見積もりであって、将来行われる国民投票が一回当たり、固定費のごとく約852億円を要するというのは誤解です。具体的にはSECTION 54で解説しますが、①の投票人名簿調製システムの構築はすでに完了しており、今後の支出は要しません。⑥、⑦の広報関係費用は、憲法改正案の公示の日(国民投票期日の告示の日)から投票期日までの期間の長短、憲法改正案広報放送、憲法改正案広報広告の回数、規模等に応じて変動します。

第7章

今後の課題

SECTION 47

投票箱

選挙管理執行法制との較差の解消

管理執行の事務は、選挙と共通レベルに

選挙と国民投票の投開票事務は、その主な部分が共通しています。仮に、何らかの制度間較差があれば、事務の管理執行を行う期間が重なる場合に、その矛盾が露呈し、混乱を招きます。

制度の現状、国民投票の投開票事務において、選挙に後れている項目があります。具体的には、２０１９年公職選挙法改正の内容です。国民投票法を改正し、次に示す制度間較差を解消する必要があります。

2019年公選法改正の内容

国会議員の選挙等の執行経費の基準に関する法律及び公職選挙法の一部を改正する法律が、２０１９年５月15日に公布され、同年６月１日に施行されています（２０１９年法律第１号）。公職選挙法の改正内容のうち、本節に関係があるものは、

次の二点です。

第一は、天災等の場合における安全、迅速な開票に向けた規定の新設です。

２０１７年10月22日に執行された衆議院議員総選挙において、台風21号の影響で船が欠航し、当日、投票所から開票所に投票箱を送致できなかった事案が発生しました（愛知県西尾市の佐久島、宮崎県延岡市の島野浦島など）。天災等の場合でも安全、迅速に開票を行う観点から、開票日に近接して現地で開票所を設ける場合の規定が新設されています（公選法第62条第８項）。

第二は、投票管理者等の選任要件の緩和です。

投票所、開票所の円滑な設置、運営を図るため、投票管理者（公選法第37条第２項）、投票立会人（同第38条第１項第２項）、開票立会人（同第62条第１項）、および選挙立会人（同第76条）の選任要件が緩和されています。

これら二点に関しては、２０２１年改正法附則第４条第１号において、改正法の施行後３年（註・２０２４年９月）を目途に、必要な法制上の措置その他の措置を講ずるものとする、とされています。第一は国民投票法第76条（開票立会人）、第二は同法第49条（投票立会人）が改正対象となります。

公選法との同時改正を立法の原則に

時系列的にみれば、前記の２０１９年改正公選法の項目は、２０２１年国民投票法改正に反映されるべきものでした。しかし、２０２１年改正法は、２０１６年公選法改正の項目に合わせる（制度間較差を解消する）内容で２０１８年６月27日、衆議院に提出されたものの、その審議中に２０１９年公選法改正が行われたため、対応が後手に回った経緯があります。

今後、このような法整備の遅延（立法不作為）による不都合、不合理を生まないために、管理執行はもちろん、投票環境の向上等の内容に関するものは、原則として公選法改正案と国民投票法改正案を一体の法案として扱い、成立を図るべきです。過去の例として「成年被後見人の選挙権の回復等のための公職選挙法等の一部を改正する法律」（２０１３年５月31日法律第21号）が挙げられます（この法律は、全会一致で成立しました）。また、成立には至りませんでしたが、民主党・無所属クラブ（衆議院会派）が２０１５年９月16日に提出した「公職選挙法及び日本国憲法の改正手続に関する法律の一部を改正する法律案」（第１８９回国会衆法第41号）のような例もあります。

SECTION 48

投票箱

特定少年による国民投票犯罪の取扱い

国民投票権年齢と少年法上限年齢との関係

2018年6月21日、18歳、19歳の者が新たに国民投票の有権者となりました。これらの者がSECTION 38～40で示した国民投票犯罪（国民投票法第109条から第125条まで）にコミットした場合に、20歳をその適用上限とする少年法が適用されると（第2条第1項）、原則として刑罰は科されず、保護処分となってしまいます（少年法第20条の規定により、全件が家庭裁判所に送致されます）。18歳、19歳の者は、投票権を行使する場面では法的に完全な主体と扱われる一方、その刑事責任を問われる場面では完全な主体と扱われず、国民投票法制における法的評価に齟齬が生じているという問題があります。

国民投票権年齢と少年法上限年齢との齟齬

	17歳	18歳	19歳	20歳	21歳
国民投票法	権利なし	有権者			
少年法	少年の刑事事件			成人の刑事事件（改正前）	

⇐ 齟齬が生じている ⇒

2021年改正少年法と特定少年

この齟齬を解消するには、少年法を改正して、その上限年齢を20歳から18歳に引き下げることが端的な解決となります。しかし、2021年改正少年法（法律第47号）は、上限年齢を20歳と維持したままで、18歳、19歳の者を「特定少年」と定義し（改正後の少年法の条文に「18歳以上の少年」という文言が散在することとならないよう、法技術的な観点で設けられた概念です。年齢以外の属性を指すわけではありません）、家庭裁判所に送致された保護事件を検察官に送致（逆送）する犯罪の範囲を拡大しました（第62条）。

（検察官への送致についての特例）
第62条　家庭裁判所は、特定少年（18歳以上の少年をいう。以下同じ。）に係る事件については、第20条の規定にかかわらず、調査の結果、その罪質及び情状に照らして刑事処分を相当と認めるときは、決定をもつて、これを管轄地方裁判所に対応する検察庁の検察官に送致しなければならない。
2　前項の規定にかかわらず、家庭裁判所は、特定少年に係る次に掲げる事件については、同項の決定をしなければならない。ただし、調査の結果、犯行の動機、態様及び結果、犯行後の情況、特定少年の性格、年齢、行状及び環境その他の事情を考慮し、刑事処分以外の措置を相当と認めるときは、この限りでない。

一　故意の犯罪行為により被害者を死亡させた罪の事件であって、その罪を犯すとき16歳以上の少年に係るもの

二　死刑又は無期若しくは短期1年以上の懲役若しくは禁錮に当たる罪の事件であって、その罪を犯すとき特定少年に係るもの(前号に該当するものを除く。)

改正後の少年法第62条第2項第2号は、「短期1年以上の懲役、禁錮に当たる事件」を、原則逆送する旨、規定しています(短期とは法定刑の下限を指します)。ただし、同条同項は「調査の結果、犯行の動機、態様及び結果、犯行後の情況、特定少年の性格、年齢、行状及び環境その他の事情を考慮し、刑事処分以外の措置を相当と認めるときは、この限りでない」とも規定しており、実際は運用に委ねられる(保護処分への途

を残している）ことになります。全件送致主義も維持されており、厳密には特定少年に対する「厳罰化」が図られたわけではありません。特定少年による国民投票犯罪では、多衆による国民投票妨害罪の首謀者（国民投票法第１１５条第１項第１号）を除き、原則、保護処分が科されることになります。

なお、特定少年による選挙犯罪の取扱いについては、18歳選挙権法附則第５条（連座制の適用により、公民権が停止される犯罪に当たるか否かで逆送の判断を区分）の規定がその趣旨を変えずに、改正後の少年法第63条に移行しています。選挙犯罪、国民投票犯罪で取扱いを異にする可能性を残している点は、なお議論の余地があります。この点、国民投票制度には連座ないし公民権停止という概念がないため、これを逆送の判断基準に置くことはできません。

少年法上限年齢の引下げ（20歳→18歳）は、将来的な課題として、国会、政府で検討が続きます。施行５年を経過した後、必要があるときは所要の措置が講ぜられます（２０２１年改正少年法附則第８条）。

2021年改正少年法の適用関係

<table>
<tr><th>年齢</th><th>14歳未満</th><th>14歳</th><th>15歳</th><th>16歳</th><th>17歳</th><th>18歳</th><th>19歳</th><th>20歳以上</th></tr>
<tr><td>保護処分</td><td colspan="5">保護処分の対象(処分時)</td><td colspan="2">特定少年に係る保護処分の対象(処分時)
※ぐ犯を除く</td><td>保護処分の対象外(処分時)</td></tr>
<tr><td rowspan="2">刑事処分</td><td rowspan="2">刑事処分の対象外(行為時)</td><td colspan="4">刑事処分が相当である場合、検察官送致(処分時)
※罰金以下の刑にあたる罪の事件は対象外</td><td colspan="2">・刑事処分が相当である場合、検察官送致(処分時)
※刑種限定なし
・死刑、無期、短期1年以上の懲役又は禁錮にあたる罪の事件は原則、検察官送致(行為時)</td><td rowspan="2">刑事処分の対象(処分時)</td></tr>
<tr><td colspan="2"></td><td colspan="4">故意の犯罪行為により被害者を死亡させた罪の事件は原則、検察官送致(行為時)</td></tr>
<tr><td>死刑、無期刑の緩和</td><td></td><td colspan="4">・死刑をもって処断すべきときは、無期刑を科する(行為時)
・無期刑をもって処断すべきときも、有期刑を科することができる(行為時)</td><td colspan="3">死刑をもって処断可能(行為時)</td></tr>
<tr><td>不定期刑の適用</td><td colspan="5">有期刑をもって処断すべきときは、不定期刑を科する(処分時)</td><td colspan="3">適用外</td></tr>
<tr><td>推知報道の禁止</td><td colspan="5">推知報道禁止の対象(行為時)</td><td colspan="2">公訴提起後は、推知報道禁止の対象外(行為時)</td><td>対象外(行為時)</td></tr>
</table>

SECTION 49

投票箱

公務員の組織的運動に対する規制の検討

組織的な運動に対する規制

ＳＥＣＴＩＯＮ 34、35で解説したとおり、国民投票法の制定・改正過程を通じ、一般職公務員による国民投票運動に対する規制のあり方について、その主体、行為態様の両面から様々な検討が加えられ、法制上の措置が講じられてきました。政治的中立性の確保と国民投票運動の自由の保障を両立させることは、それ自体相当なバランスを要する作業となります。しかし、まだ検討課題は残っています。

２０１４年改正法附則第４項は、「国は、この法律の施行後速やかに、公務員の政治的中立性及び公務の公正性を確保する等の観点から、国民投票運動に関し、組織により行われる勧誘運動、署名運動及び示威運動の公務員による企画、主宰及び指導、並びにこれらに類する行為に対する規制の在り方について検討を加え、必要な法制上の措置を講ずるものとする」と規定しています。公務員による組織的な国民投票運動に関する規制の検討と法制上の措置を命ずる内容です。主に職員団体（労働組合）

を念頭に置いていることは明らかですが、現在までのところ、各党会派ないし憲法審査会で正面から検討が行われたことはありません。検討の期限はないものの、課題として残ったままです。

本項の検討を行う上では、まず「組織」とは何を指すのか、「勧誘運動、署名運動、示威運動」「企画、主宰、指導」という例示に過不足がないかどうかが問題となります。また、「これに類する行為」とは、２０１４年改正の際には、「地域で誰もが知る有名な公務員が、集団行進の最後を歩きながら、一般の住民に投票勧誘を行うような場合」などと説明されましたが、一般的にはどのような行為が「類する」ことになるのか、その型式化が必要となります。

今後は、その規制の必要性の有無も含めて、行為類型を絞り込む検討が必要になります。

SECTION 50

投票箱

絶対得票率規定の採用

過半数成立要件の限界?

SECTION 44で解説したとおり、憲法改正は投票総数の過半数の賛成を得られることで成立します。賛成投票数が反対投票数より1票でも多ければ、過半数です。1票差というのは極端な例ですが、全有権者数に比べて、賛成投票数がどれほど低い割合(低得票率)であっても、成立することに変わりません。

具体的な投票数を当てはめてみます。全有権者数1億のうち、賛成投票数2千万、反対投票数1千9百万という結果が得られたとします。賛成投票数は投票総数の過半数を占め、憲法改正は成立しますが、全有権者のうち5人に1人しか賛成していないことになり、その少ない賛成得票率は、後の憲法体系を不安定にする要因となりえます。この単純な過半数成立要件(憲法第96条第1項、国民投票法第98条第2項)の限界ともいえる問題をどう解決すべきか、次の円グラフ(A)(B)をもとに考えていきます。ともに、国民投票の仮想結果です。

（A）は賛成21％、反対20％、（B）は賛成38％、反対1％という結果を示しています。百分率において（A）（B）いずれも賛成投票の数が投票総数の過半数に達しているので、憲法改正は成立することになります。

数値が小さいのであえて円グラフ表示にはしませんが、賛成10％、反対9％であっても、さらに賛成2％、反対1％でも同様です。要は、賛成投票数が投票総数の過半数に達していることには変わりはないため、憲法改正は成立します。

最低投票率要件の意味とその問題点

成立要件のハードルを上げる策として、従来から主張されてきたのが「最低投票率要件」の採用です。過半数要件はそのままに「投票率が○○％

国民投票の仮想結果の円グラフ

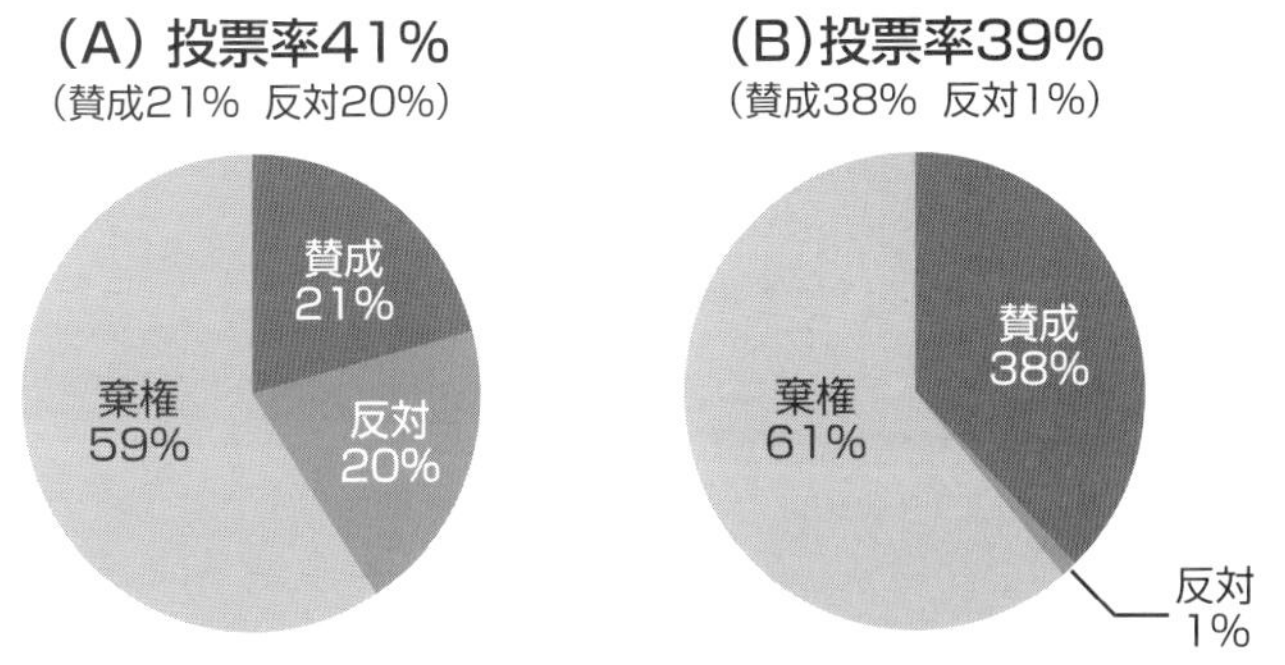

を超えること」という要件を加えるものです。

ここで、（A）（B）について、「投票率が40％を超えること」という最低投票率40％要件を加味して考えてみます。

（A）は投票率41％で、最低投票率40％ルールを充たし、憲法改正が成立するという結論は変わりません。（B）は投票率39％で、最低投票率40％ルールを充たさないので、憲法改正は不成立ということになります。

しかし、ここで問題が生じます。（A）では賛成21％、（B）では賛成38％で、賛成投票の数では（A）よりも（B）の方が上回っているにもかかわらず、憲法改正は不成立となってしまうのです。比較の上で、これは明らかに不合理です。

このような不合理が生じるのは、最低投票率要件が「反対投票の数」をも考慮要素に加えてしまうからです。本来、全有権者数に対して賛成投票数が著しく少ない割合で憲法改正が成立してしまうことの問題を克服すべきところ、賛成投票数（割合）だけに着目することなく、反対投票数（割合）も加えてしまうからです。その結果、（B）を不成立にする一方、賛成投票の数がより少ない方（A）を成立させてしまうのです。

最低投票率要件をもっと厳しくしても、事態は変わりません。たとえば、最低投票率を倍の80%とした上で、(A´)投票率81%(賛成41%、反対40%)、(B´)投票率79%(賛成78%、反対1%)の二つを比べることにより、賛成投票数がより多い(B´)を不成立にしてしまう不合理さは一目瞭然です。

したがって、最低投票率要件では、賛成投票数が少ない場合において憲法改正が成立してしまう問題を、合理的に解決することができません。

投票棄権を誘発するリスク

最低投票率要件は、民主主義社会にとってさらに致命的なリスクを含みます。それは、投票棄権(ボイコット)を誘発してしまう点です。

もう一度、(B)をご覧ください。賛成38%、反対1%(投票率39%)という結果で、最低投票率40%ルールの下では憲法改正は不成立となりますが、もし、賛成38%はそのままでも、反対が2%を超えればどうなるでしょうか。賛成・反対の合計の投票率は、最低投票率40%を充たして(超えて)しまい、一転して成立してしまいます。

これは、賛成の国民投票運動を展開する側からすれば「望ましい結果」といえますが、反対の側からすれば、わざわざ反対投票を行った有権者は、その行為を非難されたり、自ら後悔することになりかねません。２％以上が棄権さえすれば、不成立に追い込むことができたからです。

以上のように最低投票率要件は、投票棄権に法的な意味（効果）を与えてしまいます。本来、憲法改正に反対する意思は、棄権という手段ではなく、投票用紙に向き合って反映させることが重要であるにも関わらず、制度として消極的な行動を誘引してしまうのです。

〝絶対得票率〟を上手く採用した、沖縄県民投票条例

ここまで例証してきたように、過半数要件に加重するとしても、最低投票率要件を採用することはできません。採用するとすれば、「賛成投票の数が全有権者の数の◯％を超えること」という、絶対得票率のルールです。

想起すべきは、辺野古米軍基地建設のための埋立ての賛否を問う県民投票条例（２０１８年沖縄県条例第62号）です。県民投票条例は最低投票率要件を採用せず、第10条第2項で「県民投票において、本件埋立てに対する賛成投票数、反対投票数、またはどちらでもないの投票数のいずれか多い数が投票資格者の総数の４分の１に達

したときは、知事はその結果を尊重しなければならない」と、絶対得票率25％要件を採用していました。

沖縄県民投票条例第10条第2項を参考に、（A）（B）について改めて、「賛成投票数が全有権者の25％を超えること」という絶対得票率25％ルールを適用してみます。（A）は賛成21％で、絶対得票率25％を超えず、憲法改正は不成立になります。他方、（B）は賛成38％で、絶対得票率25％を超えるので、憲法改正は成立することになります。先の最低投票率40％要件を適用した場合と比較して、結論は真逆になります。

25％を超える賛成投票が絶対的に必要となれば、極端に低い数で憲法改正が成立する問題を合理的にクリアできます。憲法改正の成立をめざす側は、過半数だけでなく、この25％を超えるべく、懸命に賛成投票運動を展開することになります。逆に、反対の立場は、投票棄権が法的な意味をなさない中で、賛成投票運動を上回ろうと、さらに懸命に反対投票運動を展開することでしょう。全体として、賛成・反対を合わせた投票率が向上する効果が得られます。

以上のように、過半数成立要件を加重するとすれば、絶対得票率要件を採用すべきです。元々、「得票率」の問題を「投票率」で克服することは、数学的、論理的に不可能なのです。

なお、この問題は、国民投票法第98条第2項の改正だけでは足らず、憲法第96条第1項の改正の議論に連なることに注意を要します。

SECTION 51

国民投票運動費用の規制

費用規制・収支報告がない現行制度

国民投票法は、国民投票運動を原則自由とする制度理念に則り（第１００条等）、その運動費用（収入、支出）に関して何ら規制を定めていません。個人、団体（政党、政治団体、企業、ＮＰＯ、任意のパートナーシップなど）を問わず、運動体として資金の受け皿を自由に作り、寄附等の収入を得ながら管理し、支出することができます。運動資金の収支を公表する制度はなく、報告義務も負いません。

選挙であれば、そのすべてについて運動費用の上限額が定められ、使途が制限され、「選挙運動収支報告書」の提出が義務付けられるなど、誰しも事後的なチェックを受けます。上限額を超えるものはすべて違法な「裏金」と認識されます。しかし、国民投票では資金に関して「表・裏」の区別がなく、青天井です。さらに、政治資金収入としては禁止されている外国人、外国法人からの寄附も、国民投票運動のためには許されます。

出処不明の多額の資金が特定の国民投票運動に使われる問題

国民投票は、「自由」と「公正」がキーワードです。ことさら金銭に関しては、自由に費消されればされるほど、有権者の投票意思が不当に歪められるなどして、その公正を害するおそれが高くなるという、トレードオフの関係が成り立ちます。

深刻なのは、出処が分からない多額の資金が特定の国民投票運動のために拠出、費消された場合です。事実が後に明らかになり、国民投票の結果の公正が疑われる事態に至ったとしても、事後的なチェックが及ばないばかりか、選挙と異なり、やり直しが容易に利かないことから、消化できない政治的混乱を長年にわたって抱え込むことになります。とくに、国民投票の案件が憲法改正案に対する賛否であることから、その影響は甚大です。また、SECTION 37では広告放送に関する規制を解説しましたが、放送に拠らない広告（ネット上のものなど）であれば、規制期間の適用もなく、費用支出が無限に可能となってしまいます。

そこで、国民投票運動費用の支出等に対する疑念が生じないよう、選挙と同様、国民投票運動の費用支出に上限を設けるとともに、一定の要件に該当する運動者（個人、団体）に対して、その登録と、「国民投票運動収支報告書」の作成、提出を義務付け、後に公開する制度を導入すべきです。

国民投票運動に係る広告規制、運動費用規制に関しては、2021年改正法附則第4条第2号において、改正法の施行後3年(註・2024年9月)を目途に、必要な法制上の措置その他の措置を講ずるものとする、とされています。具体的には、国民投票運動等のための広告放送・インターネット等を利用する方法による有料広告の制限(同号イ)、国民投票運動等の資金に係る制限(同号ロ)、国民投票に関するインターネット等の適正な利用の確保を図るための方策(同号ハ)、が検討されます。

イギリス国民投票法制における運動費用規制と収支報告

参考事例として、運動費用規制が厳格なことで知られるイギリスの国民投票法制を紹介します。

イギリスでは2016年6月、EUを離脱すべきか残留すべきかを問う国民投票が実施されました(結果は僅差で、離脱が過半数に達しました)。国民投票は同年4月15日に公示され、6月23日が投票期日であり、その運動期間は70日間でした。運動費用規制に関して、次の3点の特長がみられました。

第一の特長は、国民投票運動のために1万ポンド（当時1ポンド約140円）を超える支出をしようとする者に対して、政府の選挙委員会に登録を行う義務が課せられていたことです（登録運動者制度）。2016年EU国民投票において、残留派は63団体、離脱派は60団体が登録しています。

第二の特長は、運動費用の上限額が、70万ポンドと定められていたことです。この点、支出上限額を運動期間で割れば、一日当たり1万ポンドが上限であったと解釈することもできます。

第三の特長は、国民投票案件についてそれぞれの登録運動者の中から主導運動者（各選択肢を代表する団体）を一つずつ認定し（離脱派Vote Leave Limited、残留派The In Campaign Ltd）、支出上限を10倍の700万ポンドに引き上げ、様々な公費助成の対象としたことです。

第四の特長は、収支報告書の提出が義務付けられていたことです。運動費用の支出が25万ポンド以下の者は、投票期日の3か月後である2016年9月23日までに、収支報告書を提出することが義務付けられていました。また、期間中、4回にわけて期日前報告の義務が課されており、登録運動者は各期に7千500ポンドを超える寄附、借入等の報告を行うものとされました。

ニュージーランド国民投票の実践例

同じく運動費用規制を制度化している国として、ニュージーランドの実践例を紹介します。

2020年10月17日、ニュージーランドでは代議院(一院制国会)議員の総選挙に合わせ、2件の国民投票(娯楽用大麻の合法化の賛否、介助死法案の施行の賛否)が執行されました(投票の結果、①は反対、②は賛成がそれぞれ、投票総数の過半数を占めました)。イギリスと同様、下図にある支出額等の規制を設けている点が特長です。

第一の特長は、登録広告主の制度です。費用規制期間(2020年8月18日から10月16日までの60日間)において1万3千600NZドル(当時1NZドル約68円)を超え

ニュージーランド国民投票における運動費用(支出)等の規制

支出額(NZドル)	0	13,600以下	超	100,000以下	超	338,000以下(上限)
広告主登録	不要		必要			
支出報告書の提出	不要				必要	

(出典)筆者作成

る支出を見込む者は、政府の選挙委員会に対する広告主登録が義務とされていました。登録をしなかった者、虚偽の内容で登録をした者に対しては、罰則の適用があります。実際、大麻国民投票では15団体、介助死国民投票では14団体の登録がありました（2団体が双方に重複登録）。

第二の特長は、運動費用（支出）の額に、上限が設けられている点です。今回は、2件の国民投票について等しく33万8千NZドルと設定されました。上限額を超える支出をした者に対しては、罰則の適用があります。

第三の特長は、支出報告書の提出を義務付けている点です。登録した広告主のうち、10万NZドルを超える支出をした者は、投票日から70日（営業日）以内に支出報告書を政府（選挙委員会）に提出しなければなりません。期日までに提出しなかった者、虚偽の内容を記載した者に対しては、罰則の適用があります。今回は2021年2月17日が期限であり、大麻国民投票では4団体、介助死国民投票では5団体が提出しています。

ニュージーランドの制度的特長は、ほぼイギリスと共通しますが、収入（寄附、ローン）に関する規制を置いていない点が異なります。事後に提出されるのも支出報告書であり、収支報告書ではありません。また、期日前報告や登録広告主のすべてに支出報告書の提出を義務付けていない点も異なります。

各国の国民投票法制において、運動費用規制が置かれている例は必ずしも多くありません。規制を置いている国でもそのあり方は一様ではない点に留意しつつ、日本でも議論を重ねて、最適の制度を導入すべきです。

SECTION 52

投票行動に影響を及ぼす広告等の規制

規模拡大を続ける、ネット広告市場

インターネットは地域、世代を問わず、社会生活に欠かせないツールとなりました。家庭、学校、勤務先等におけるパソコンの利用はもとより、個人のモバイル機器（スマートフォン、タブレット）も特定・不特定の者とのコミュニケーション、一定のグループ内での情報伝達、情報の検索などの様々な使用目的を以て、普及の一途を辿っています。

通信環境も格段に整備が進み、情報の取得、データの受信だけではなく、今やリアルタイムの配信も当たり前に出来る時代です。近年では特にＳＮＳ、オンライン・ゲーム、動画サイトの利用時間が大幅に増加しています。総務省『令和2年版情報通信白書』によると、特にモバイル機器によるＳＮＳ及び動画サイトの利用時間が、２０１２年から２０１８年までの６年間で約4倍にまで伸びています（同９頁）。

インターネットの利用拡大は、インターネット広告の市場規模も拡大させており、

２０１９年の総広告費６兆９３８１億円のうち、同広告は２兆１０４８億円と、全体の３割を占めるに至っています（公正取引委員会『デジタル広告分野の取引実態に関する最終報告書』（２０２１年2月17日）10頁）。

日常生活の中で、インターネット広告を一度も見ない日はない、といっても過言ではありません。その殆どが、グーグル、ヤフー、フェイスブック、ツイッター、ラインといったデジタル・プラットフォーム事業者が提供するサービスに基づく広告です。

インターネット広告の種類

<table>
<tr><td>①検索連動型</td><td colspan="2">Google 検索や Yahoo!検索などの検索サイトでキーワードを入力して検索を行った際に、検索結果と共に表示される広告のうち，検索クエリ（検索の文字列）に連動して配信されるもの</td></tr>
<tr><td rowspan="3">②ディスプレイ広告</td><td colspan="2">ユーザーがYouTube、Yahoo!Japan、Facebook、Instagram、LINE、Twitter などのSNS やニュースサイト、ブログ等のウェブサイトを閲覧した際に、ウェブサイトやアプリのコンテンツの周囲等に表示される静止画や動画の広告</td></tr>
<tr><td>②―1
所有・運営型</td><td>YouTube、Yahoo!Japan、Facebook、Instagram、LINE、Twitterなどのデジタル・プラットフォーム事業者のウェブサイト等に表示される広告</td></tr>
<tr><td>②―2
オープン・ディスプレイ</td><td>新聞社等、デジタル・プラットフォーム事業者以外のウェブサイト等に表示される広告</td></tr>
</table>

（出典）公正取引委員会『デジタル広告分野の取引実態に関する最終報告書』（2021年2月17日）11-12頁を基に、筆者作成。

ネット検索に過度に頼る「危険」

デジタル・プラットフォーム事業者は、オンラインモール、アプリストアといった事業以外にも、検索サービス、SNS、動画・音楽配信、ニュース配信、メール、電子決済などの様々なサービスを多くの場合「無償」で提供しており、多数の利用者との接点を有しています。それゆえ、各種サービスを通じて利用者から提供される個人情報等の様々なデータを集積・利用し、利用者の関心に対応した内容の広告を様々な媒体で表示させることが可能となっています(いわゆるターゲティング広告)。

②ディスプレイ広告では、端末のIPアドレス等から収集した位置情報等のデータや、ユーザーの閲覧履歴等、クッキー情報などの技術を利用して収集したデータを利用して、ユーザーの属性等に応じた広告が表示されます。例えば、どこかの施設、店に行きたいと思い、駅からの経路を検索すると、暫くの後、当該エリアの不動産に関する広告が表示されるといった具合です。画面上の広告の表示・非表示は、利用者の意思でコントロールできますが、容易にすぐに消せるものではありません。

インターネット検索は便利な反面、政治的な内容を含む場合には、その後の広告に影響が及ぶことに注意を要します。例えば、国会が憲法改正の発議をした後、「憲法

改正 まとめ」といった文字列で検索をかけると、アルゴリズムに応じた結果とともに、「国民投票 〝賛成〟」といった広告が表示されることが想定されます。この場合、賛成派の広告、反対派の広告が同等の回数と時間で表示される保証はありません。賛否いずれか一方に偏った広告内容が、インターネット上で長期間まん延し続けることになり、不特定多数の有権者の投票意思（判断）に影響を与え、国民投票の公正さに疑義が生じる事態になりかねないのです。これは憲法改正国民投票に限らず、通常の選挙でも問題となります。

現在、一般的なインターネット広告の取扱いは、デジタル・プラットフォーム事業者の自主的取組みに委ねられています。「特定デジタルプラットフォームの透明性及び公正性の向上に関する法律」（２０２０年法律第38号）の規制対象は、①物販総合オンラインモール（Amazon.co.jp、楽天市場、Yahoo!ショッピング）、②アプリストアの運営事業者（App Store、Google Play ストア）に限られているところ、内閣官房デジタル市場競争会議の最終報告書（２０２１年４月27日）の内容に基づき、デジタル広告分野をその対象に追加することなど、法制上の対応が求められます。

なお、グーグルは２０２１年3月3日、利用者のプライバシーへの意識の高まりを受け、インターネット（クローム）での利用者の閲覧履歴を追跡する機能について、2022年までにその機能を停止し、今後、開発したり導入したりしない声明を発出しました（Google ADS, Charting a course towards a more privacy-first web）。米アップルは同年4月26日、スマートフォン「iPhone」などの新ＯＳの配信を開始し、消費者がデジタル広告市場に個人データを提供するか否かを事前に選択できるよう、仕様を変更しました。その他の事業者がどのような対応を講じるか、動向を注視する必要があります。

フェイクニュース対策

フェイクニュースとは、「虚偽の情報」に基づいて作られたニュースです。国内外を問わず、選挙の際には頻繁に問題が起きていますが、国民投票でも同様の問題が生じえます。

選挙であれば、刑事法（候補者に対する名誉毀損罪、選挙の自由妨害罪）、民事法（損害賠償請求等）の諸規定に従い、時機を大きく後れることなくフェイクニュースに対抗することができます。しかし国民投票では、国会が発議した憲法改正案はそもそも人格を有せず、フェイクニュースがあっても、法的な対抗措置を講ずることは不可能です。具体的な対抗措置がなされず、中にはフェイクニュースと気付かない有権者が、その情報を信じたまま、国民投票の期日まで過ごしてしまう懸念が生じます。近年は「ディープフェイク」と呼ばれ、その真偽が人の標準的な視聴覚力を以ては容易に判別できないものも問題となっています。

国民投票に限った話ではありませんが、フェイクニュースにはＳＮＳ上の「偽アカウント」の取締りが有効であるとの指摘があり、運営者側の対応が十分に講じられる必要があります。もっとも現状は、デジタル・プラットフォーム事業者の自主的取組みに委ねられており、その実効性にはなお課題が残ります。

国民投票に関するフェイクニュースが生まれ、拡散してしまった場合、具体的な対応としては、民間レベルで第三者的なオンブズマンが発足し、フェイクニュースに対する必要な措置（調査、意見表明）が講じられることが好ましいと考えます。政府は現在、①偽情報に対抗するＩＣＴリテラシーの向上、②ファクトチェック機関とデジタル・プラットフォーム事業者との連携、③アルゴリズムの透明性とＡＩによる対応等を課題として整理しており（総務省『プラットフォームサービスに関する研究会最終報告書』（2020年2月7日）35－50頁）、その実効的な施策の実現が求められます。

ヘイトスピーチ対策

本邦外出身者に対する不当な差別的言動の解消に向けた取組の推進に関する法律（ヘイトスピーチ解消法）第2条によれば、ヘイトスピーチとは、「専ら本邦の域外にある国もしくは地域の出身である者またはその子孫であって適法に居住するものに対する差別的意識を助長し、または誘発する目的で公然とその生命、身体、自由、名誉もしくは財産に危害を加える旨を告知し、または本邦外出身者を著しく侮蔑するなど、本邦の域外にある国または地域の出身であることを理由として、本邦外出身者を地域社会から排除することを煽動する不当な差別的言動」と定義されています。

じつに長い定義規定ですが、どのような言動がヘイトスピーチに当たるかは、読者のみなさんも容易に想像が付くところでしょう。昨今、ヘイトスピーチはデモ、集会等に限らず、選挙運動の中で行われることもあり、問題はより深刻化しています。憲法改正案の内容によっては国民投票運動の中でヘイトスピーチが行われるおそれも否定できません。

この点、法務省人権擁護局は2019年3月12日、選挙運動に関して行われるヘイトスピーチについて、全国の法務局に通知を発出しています。選挙運動に関して行われるヘイトスピーチに対しては、その内容、態様等を十分吟味して、人権侵犯性の有無を総合的かつ適切に判断すべきとする内容です。同趣旨の通知は、警察庁も同年3月28日に発出しています。

国民投票運動も選挙運動と同様、ヘイトスピーチを内容とする言論等は調査・救済の対象となることを確認する必要があります。

SECTION 53

投票箱

一般的国民投票制度の検討

憲法改正以外の国民投票制度

憲法第96条は、国会が発議した憲法改正案を対象とする国民投票について定めています。国会が憲法改正の発議をした場合には、国民投票が必ず実施されます。そして、その国民投票の結果（承認・不承認）は、国およびその機関（国会、内閣、裁判所、地方自治体など）を法的に拘束します。したがって、憲法改正国民投票は、「必要的・拘束的国民投票」と分類することができます。

他方、憲法改正以外の案件を対象とする一般的国民投票は、憲法上その根拠となる規定がありません。とはいえ、憲法が完全に禁止しているとまでは解釈できません。憲法は、「間接民主制」を国政の原則として採用していますが（前文、第43条）、通常の政治のプロセスでは国民の意思を集約することができない重要な問題が顕在化した場合など、補完的な意味で一般的国民投票を実施する意義が認められるといえます。

つまり憲法自体、一般的国民投票を許容していると解されます。仮に一般的国民投票を制度化する場合には、当該国民投票の結果に国およびその機関が法的に拘束されないことが前提条件となります。この意味で、一般的国民投票は、「任意的・諮問的国民投票」と分類することができます。

一般的国民投票の分類

一般的国民投票は、下図のように区分することができます。制度化するためには、現行の国民投票法とは別に法律を定める必要があります。

過去には、一般的国民投票制度に関する法律案が提出されたことがあります。

まず、民主党・無所属クラブ（衆議院会派）は、「日本国憲法の改正及び国政における重要な問題に係る案件の発議手続及び国民投票に関する法律案」（第166回国会衆法第31号）を提出し、その後、同案の修正案を提出しています。民主党・新緑風会（参議

一般的国民投票の分類

- 一般的国民投票（広義）
  - 一般的国民投票（狭義）
  - 憲法改正問題予備的国民投票（2014年改正法附則第5項）

院会派）も、衆法の修正案とほぼ同じ内容の法律案を提出しています（第１６６回国会参法第5号）。その中では、国政問題国民投票の対象となる案件として、①憲法改正の対象となり得る問題、②統治機構に関する問題、③生命倫理に関する問題、および④その他の国民投票の対象とするにふさわしい問題として別に定める問題、の４項目が例示されていました。国政問題国民投票の制度設計は、憲法改正国民投票に関する手続規定を準用しつつ、その結果は、国およびその機関を拘束しないことが明文で定められていました。

また、みんなの党（参議院会派）は、「エネルギー政策の見直し及びこれに関する原子力発電の継続についての国民投票に関する法律案」（第１７７回国会参法第22号）、「内閣総理大臣の指名に係る国民投票制度の創設に関する法律案」（第１８０回国会参法第17号）を提出したことがあります。第１７７回国会、第１８０回国会における同会派の所属議員数は11名であり、一会派で予算を伴う法律案を提出できる員数要件を充たしていなかったため（国会法第56条第1項但書の規定により、提出者とは別に20名以上の賛成を要する）、両法律案は国民投票の実施法と呼べるものではなく、枠組法ないし理念法としての内容にとどまっています。

憲法改正問題予備的国民投票

2014年改正法附則5項は、「国は、この法律の施行後速やかに、憲法改正を要する問題および憲法改正の対象となり得る問題についての国民投票制度に関し、その意義および必要性について、日本国憲法の採用する間接民主制との整合性の確保その他の観点から更に検討を加え、必要な措置を講ずるものとする。」と定めています。①憲法改正を要する問題の国民投票、②憲法改正の対象となり得る問題についての国民投票は、狭義の一般的国民投票と区別されるところの憲法改正予備的国民投票と呼ばれるものです。①②は「憲法改正」が共通のキーワードになっており、制度としては、憲法第96条の周辺に位置していると言われることもあります。

①憲法改正を要する問題についての国民投票とは、例えば、国の立法権の一部を移譲することなどを含む道州制を導入しようとする場合、このような制度を検討することの是非を含め、あらかじめ国民の賛否を問うケースが考えられます。道州制の導入に関して、国会が直に憲法改正の発議を行えば、その通りに国民投票が実施されることになりますが、①はその前段階として、国民の多数が道州制の導入に賛意を有しているかどうか、いわば「世論調査的な国民投票」として実施されるものです。

②憲法改正の対象となり得る問題とは、近年では、天皇の生前退位に関する根拠規定の整備の問題が挙げられます。直ちに、現行憲法の改正を要する問題であるとはいえないものの、将来、憲法上の制度として明確にすべき必要性が否定できないものです。この場合も①と同様、天皇の生前退位に賛意を有しているかどうか、「世論調査的な国民投票」を実施することになります。国は、その結果を尊重しつつ、将来の憲法改正の発議に向けた議論を継続したり、当面の法整備に対応することになります。

①はもちろん、②についても、投票結果において賛意が多く示されれば、憲法改正の発議につながる可能性が認められ、賛意が少なければ、本番の憲法改正国民投票でも「否決」されるお

予備的国民投票

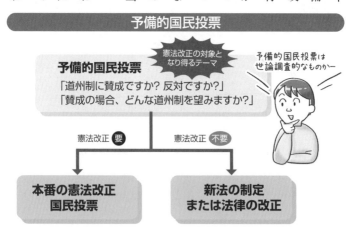

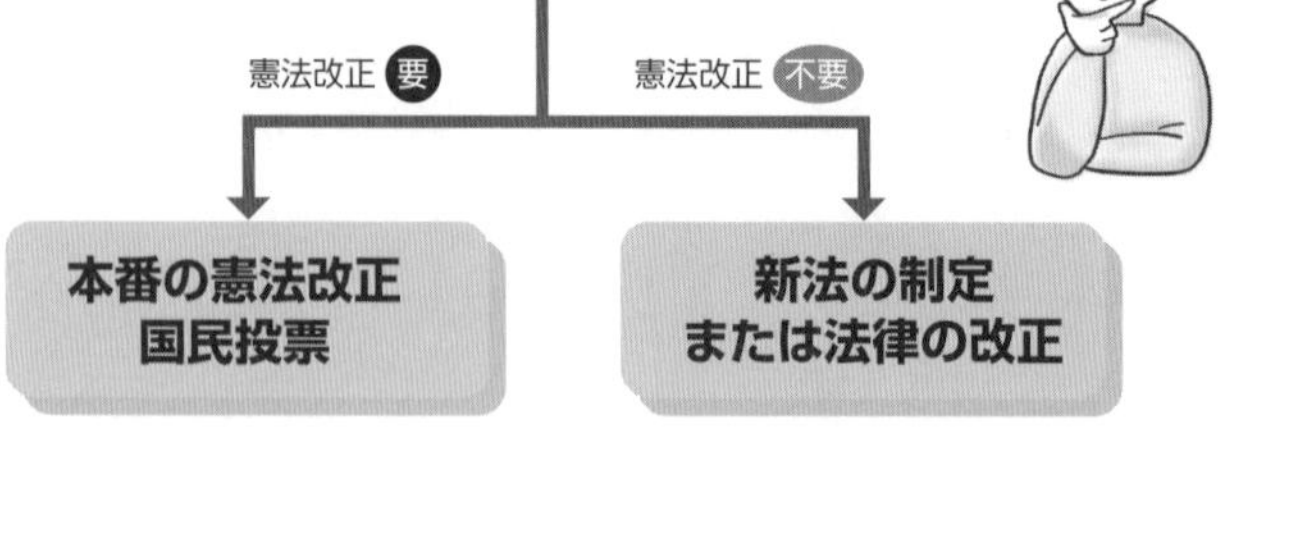

それが高いことが予想されるので、常識的に考えれば、国会は憲法改正の発議を控えることになります。いわば予備的な世論調査によって、「ぶっつけ本番」で否決されるリスクを回避するのです。

投票結果を尊重させる〝政治的担保〟

一般的国民投票に関しては、法的な拘束力を正面から認める立法ができない以上、国に投票結果を尊重させるには、運用上の工夫を講ずるしかありません。案件にもよりますが、国民投票を実施する前に、①投票結果を尊重するか否か、②投票結果を尊重するとした場合、どのような施策を進めるか、といった点について各党会派ないし内閣に意見表明をさせ、その内容を「国民投票のマニフェスト」と位置づけてその約束を遵守させるといった方法が考えられます。与党の賛成がなければあらゆる立法は不可能ですが、与党、野党を問わず、投票結果を「尊重しない」と宣言した政党はもちろん、事前の約束と違った施策を実行ないし打ち立てている政党は、国民投票の後に行われる最初の国政選挙において、有権者から厳しい審判、非難を受けることになります。厳しい審判、非難を回避しようとすれば、投票結果を尊重するしか途はなくなります。

SECTION 54

投票箱

執行経費基準の法定

執行経費基準の欠缺

SECTION 46で解説したとおり、国民投票の執行に係る費用はすべて国庫の負担となります（国民投票法第136条）。都道府県、市区町村に対しては、国民投票事務の円滑な執行を確保するため、当該事務を行うために必要で、かつ充分な金額を基礎として、その支出金の額を算定しなければなりません（第137条第1項）。

その支出金は、国（総務大臣）から都道府県へ、都道府県から市区町村および不在者投票管理者に交付されます（国民投票法施行令第139条第1項）。都道府県、市区町村に対する支出は、その支出金を財源とする経費の支出時期に遅れないようにしなければなりません（国民投票法第137条第2項）。

しかし、国民投票事務に関しては、その経費の基準額を定める法律がなく、法的な根拠を欠いています。国は現状、都道府県、市区町村および不在者投票管理者に対して必要な支出を行うことができません。国会議員の選挙等の執行経費に関する法律

（昭和25年法律第１７９号）は、国会議員の選挙（憲法第43条）、最高裁判所裁判官国民審査（第79条）および地方自治特別法住民投票（第95条）の事務に係る経費の基準額を定めていますが、憲法改正国民投票（第96条）についてはこれらに相当する規定が置かれていないのです。執行経費基準を欠いたまま国会が憲法改正の発議をすると、都道府県、市区町村は実質的な財源の手当てがないまま、第一号法定受託事務とされる国民投票事務を処理する責任だけを負ってしまいます。

「時限立法」整備の必要性

国民投票に関しては、①投票所経費、②共通投票所経費、③期日前投票所経費、④開票所経費、⑤国民投票分会経費、⑥国民投票公報発行費、⑦事務費、⑧不在者投票特別経費、および⑨在外投票特別経費の基準額を法定する必要があ

執行経費基準の欠缺

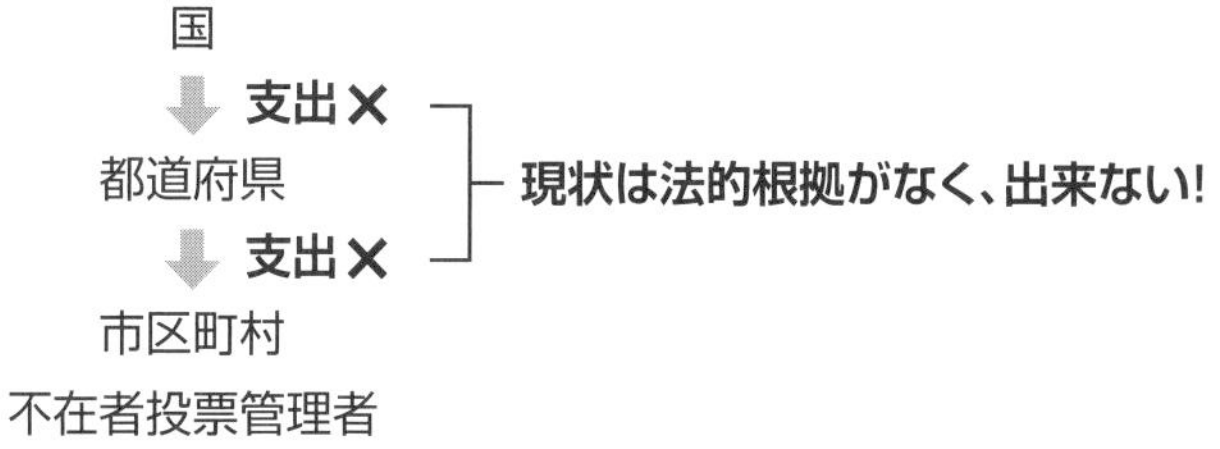

ります。

その立法形式についてですが、国会議員の選挙等の執行経費に関する法律の改正によるのではなく、時限立法(国民投票の執行経費に関する法律)に拠るべきと考えます。国民投票は国会議員の選挙等とは異なり、恒常的に行われるものではなく、その執行経費の基準額については、その都度定めれば足りるからです。

SECTION 55

投票箱

附帯決議に示された事項

附帯決議とは、衆参の委員会で法案審査を終了する際、委員会の意思として示される事項のことです。決議は全会一致によることが通例ですが、多数決によることもあります。

内容としては、当該法律の執行に関して、政府に対する注文が述べられることが一般的ですが（法的拘束力は認められません）、国民投票法（2007年制定法、2014年改正法）に関しては、憲法審査会自体が引き続き留意し、検討すべき課題が示されており、そのやり方が半ば慣例化しています。附帯決議はこれまで、3回行われています。

①2007（平成19）年5月11日　参議院日本国憲法に関する調査特別委員会
日本国憲法の改正手続に関する法律案に対する附帯決議

1．国民投票の対象・範囲については、憲法審査会において、その意義及び必要性の有無等について十分な検討を加え、適切な措置を講じるように努めること。

2．成年年齢に関する公職選挙法、民法等の関連法令については、十分に国民の意見を反映させて検討を加えるとともに、本法施行までに必要な法制上の措置を完了するように努めること。

3．憲法改正原案の発議に当たり、内容に関する関連性の判断は、その判断基準を明らかにするとともに、外部有識者の意見も踏まえ、適切かつ慎重に行うこと。

4．国民投票の期日に関する議決について両院の議決の不一致が生じた場合の調整について必要な措置を講じること。

5．国会による発議の公示と中央選挙管理会による投票期日の告示は、同日の官報により実施できるよう努めること。

6．低投票率により憲法改正の正当性に疑義が生じないよう、憲法審査会において本法施行までに最低投票率制度の意義・是非について検討を加えること。

7．在外投票については、投票の機会が十分に保障されるよう、万全の措置を講じること。

8. 国民投票広報協議会の運営に際しては、要旨の作成、賛成意見、反対意見の集約に当たり、外部有識者の知見等を活用し、客観性、正確性、中立性、公正性が確保されるように十分に留意すること。

9. 国民投票公報は、発議後可能な限り早期に投票権者の元に確実に届くように配慮するとともに、国民の情報入手手段が多様化されている実態にかんがみ、公式サイトを設置するなど周知手段を工夫すること。

10. 国民投票の結果告示においては、棄権の意思が明確に表示されるよう、白票の数も明示するものとすること。

11. 公務員等及び教育者の地位利用による国民投票運動の規制については、意見表明の自由、学問の自由、教育の自由等を侵害することとならないよう特に慎重な運用を図るとともに、禁止される行為と許容される行為を明確化するなど、その基準と表現を検討すること。

12. 罰則について、構成要件の明確化を図るなどの観点から検討を加え、必要な法制上の措置も含めて検討すること。

13. テレビ・ラジオの有料広告規制については、公平性を確保するためのメディア関係者の自主的な努力を尊重するとともに、本法施行までに必要な検討を加えること。

14. 罰則の適用に当たっては、公職選挙運動の規制との峻別に留意するとともに、国民の憲法改正に関する意見表明・運動等が萎縮し制約されることのないよう慎重に運用すること。

15. 憲法審査会においては、いわゆる凍結期間である3年間は、憲法調査会報告書で指摘された課題等について十分な調査を行うこと。

16. 憲法審査会における審査手続及び運営については、憲法改正原案の重要性にかんがみ、定足数や議決要件等を明定するとともに、その審議に当たっては、少数会派にも十分配慮すること。

17. 憲法改正の重要性にかんがみ、憲法審査会においては、国民への情報提供に努め、また、国民の意見を反映するよう、公聴会の実施、請願審査の充実等に努めること。

18. 合同審査会の開催に当たっては、衆参各院の独立性、自主性にかんがみ、各院の意思を十分尊重すること。

② 2014(平成26)年5月8日　衆議院憲法審査会
日本国憲法の改正手続に関する法律の一部を改正する法律案に対する附帯決議

1. 選挙権を有する者の年齢については、民法で定める成年年齢に先行してこの法律の施行後2年以内を目途に、年齢満18年以上の者が国政選挙等に参加することができることとなるよう、必要な法制上の措置を講ずること。
2. 政府は、国民投票の投票権を有する者の年齢、選挙権を有する者の年齢、成年年齢等が「満18年以上」に引き下げられることを踏まえ、国民に対する周知啓発その他必要な措置を講ずるものとすること。
3. 政府は、遅くともこの法律の施行の4年後には年齢満18年以上の者が憲法改正国民投票の投票権を有することとなることに鑑み、学校教育における憲法教育等の充実を図ること。
4. 公務員等及び教育者の地位利用による国民投票運動の禁止規定の違反に対し罰則を設けることの是非については、今後の検討課題とすること。
5. 地方公務員の政治的行為について国家公務員と同様の規制とすることにつ

いては、各党の担当部局に引き継ぐものとすること。

6．政府は、この法律の施行に当たり、国民投票運動を行う公務員に萎縮的効果を与えることとならないよう、配慮を行うこと。

7．憲法改正国民投票以外の国民投票については、この法律の附則第5項の規定を踏まえ、国会の発議手続、国民投票の手続、効力等に関し、本憲法審査会において検討し、結論を得るよう努めること。

③２０１４（平成26）年6月11日　参議院憲法審査会
日本国憲法の改正手続に関する法律の一部を改正する法律案に対する附帯決議

1．本法律の施行に当たり、憲法審査会においては、主権者たる国民がその意思に基づき憲法において国家権力の行使の在り方について定め、これにより国民の基本的人権を保障するという日本国憲法を始めとする近代憲法の基本となる考え方である立憲主義に基づいて、徹底的に審議を尽くすこと。

2．本法律の施行に当たり、憲法審査会においては、日本国憲法の定める国民主権、基本的人権の尊重及び恒久平和主義の基本原理に基づいて、徹底的に審議を尽くすこと。

3. 本法律の施行に当たり、憲法審査会においては、日本国憲法の定める憲法の最高法規性並びに国民主権及び間接民主制の趣旨にのっとり、立法措置によって可能とすることができるかどうかについて、徹底的に審議を尽くすこと。

4. 本法律の施行に当たり、政府にあっては、憲法を始めとする法令の解釈は、当該法令の規定の文言、趣旨等に即しつつ、立案者の意図や立案の背景となる社会情勢等を考慮し、また、議論の積み重ねのあるものについては全体の整合性を保つことにも留意して論理的に確定されるべきものであり、政府による憲法の解釈は、このような考え方に基づき、それぞれ論理的な追求の結果として示されたものであって、諸情勢の変化とそれから生ずる新たな要請を考慮すべきことは当然であるとしても、なお、前記のような考え方を離れて政府が自由に当該解釈を変更することができるという性質のものではなく、仮に政府において、憲法解釈を便宜的、意図的に変更するようなことをするとすれば、政府の解釈ひいては憲法規範そのものに対する国民の信頼が損なわれかねず、このようなことを前提に検討を行った結果、従前の解釈を変更することが至当であるとの結論が得られた場合には、これを変更することがおよそ許されないというものではないが、いずれにせよ、その当否については、個別的、具体的に検討されるべきものであると政府自身も憲法の解釈の変更に関する審議で明らかにしているところであり、それを十分に踏まえること。

5. 本法律の施行に当たり、政府においては、前項に基づき、解釈に当たっては、立憲主義及び国民主権の原理に基づき、憲法規範そのものに対する国民の信頼を保持し、かつ、日本国憲法を国の最高法規とする法秩序の維持のために、取り組むこと。

6. 本法律の施行に当たっては、憲法の最高法規性及び国民代表機関たる国会の国権の最高機関としての地位に鑑み、政府にあっては、憲法の解釈を変更しようとするときは、当該解釈の変更の案及び第4項における政府の憲法解釈の考え方に係る原則への適合性について、国会での審議を十分に踏まえること。

7. 選挙権年齢については、民法で定める成年年齢に先行して本法律の施行後2

年以内を目途に、年齢満18年以上の者が国政選挙等に参加することができることとなるよう、必要な法制上の措置を講ずること。

8. 選挙権年齢に係る法制上の措置の検討に際しては、憲法前文において国民主権と間接民主制の原理をともに人類普遍の原理として位置付けていること等を十全に踏まえて取り組むこと。

9. 政府は、憲法改正国民投票の投票権を有する者の年齢、選挙権を有する者の年齢、成年年齢等が「満18年以上」に引き下げられる場合、国民に対する憲法改正手続や国民投票制度について、より一層の周知啓発その他必要な措置を講ずるものとすること。

10. 政府は、遅くとも本法律の施行の4年後には年齢満18年以上の者が憲法改正国民投票の投票権を有することとなることに鑑み、学校教育における憲法教育等の充実及び深化を図ること。

11. 政府は、公務員等及び教育者の地位利用による国民投票運動の規制について、表現の自由、意見表明の自由、学問の自由、教育の自由等を不当に侵害することとならないよう、ガイドラインを作成する等、禁止される行為と許容される行為を明確化するための必要な措置を講ずること。

12. 公務員等及び教育者の地位利用による国民投票運動の禁止規定の違反に対し罰則を設けることの是非については、今後の検討課題とすること。

13. 地方公務員の政治的行為について国家公務員と同様の規制とすることについては、各党の担当部局に引き継ぐこととすること。

14. 政府は、本法律の施行に当たり、国民投票運動を行う公務員に萎縮的効果を与えることとならないよう、配慮を行うこと。

15. 本法律の附則第4項に定める組織により行われる勧誘運動等の公務員による企画等に対する規制の在り方について検討を行う際には、その規制の必要性及び合理性等について十全な検討を行うこと。

16. 国民投票運動が禁止される特定公務員の範囲については、適宜検証を行うこと。

17. 一般的国民投票制度については、本法律の附則第5項の規定を踏まえ、国会の発議手続、国民投票の手続、効力等に関し、憲法審査会において検討し、結論を得るよう努めること。

18. 最低投票率制度の意義・是非の検討については、憲法改正国民投票において国民主権を直接行使する主権者の意思を十分かつ正確に反映させる必要があること及び憲法改正の正当性に疑義が生じないようにすることを念頭に置き、速やかに結論を得るよう努めること。

19. テレビ・ラジオの有料広告については、公平性を確保するためのメディア関係者の自主的な努力を尊重しつつ、憲法改正案に対する賛成・反対の意見が公平に扱われるよう、その方策の検討を速やかに行うこと。

20. 本附帯決議で新たに付された項目を含め、日本国憲法の改正手続に関する法律制定時の附帯決議については、改めてその趣旨及び内容を十分に踏まえ、各項目を精査し、その実現のために必要な措置を講ずること。

第8章

国民投票法の歴史
—制定・改正の経緯—

SECTION 56

投票箱

政党間の合意形成と2007年の法制定

憲法施行後、直ちに制定されなかった国民投票法

憲法は、1946年11月3日に公布され、翌47年5月3日に施行されました。SECTION 01で解説したとおり、憲法自体が将来の憲法改正を想定していたとすれば、半ば建前論ですが、憲法が施行される1947年5月3日までに国民投票法も制定しておくべきだったといえます。実際、国民投票法が制定されたのは2007年5月のことで、憲法施行から60年が経過していました。

憲法の施行後、国民投票法の制定に向けた動きは、紆余曲折を経ます。その動きはまず、政府内で始まっています。検討を進めていた選挙制度調査会（第3次）は1952年12月2日、「日本国憲法の改正に関する国民投票制度要綱」を吉田茂総理（当時）に答申しました。自治庁（当時）はその内容を踏まえ、「日本国憲法改正国民投票法案」を作成し、1953年2月11日に公表しています。

しかし、政府は、国民投票法を制定することが「憲法改正を即時に断行する」と誤

解されるおそれが生じるとして、法案公表の2日後、政治判断として国会提出を見送る判断をしました（1953年2月13日）。このときの法案提出の頓挫が、政治的に重い後遺症となったのです。その後、半世紀以上にわたって、憲法改正の是非をめぐる議論と同様、国民投票法の制定それ自体がイデオロギー性を帯び、国会・政府において「タブー視」されるようになってしまいました。

衆議院憲法調査会「報告書」が立法の契機に

国民投票法の制定の機運が再び高まったのは、戦後60年に当たる2005年を迎えてのことでした。同年4月15日、衆議院憲法調査会（中山太郎会長）が5年間にわたる調査結果をまとめた『衆議院憲法調査会報告書』の中で、「（国民投票法を）早急に整備すべきであるとする意見が多く述べられた」と意見集約したことが、その実質的な合意形成の出発点となったのです。

郵政解散・総選挙を経た第163回国会（特別会）の召集日（2005年9月21日）、衆議院には憲法調査会の後継組織となる「日本国憲法に関する調査特別委員会」が設置され、国民投票法制の総論・各論について、各党会派間の合意形成がスタートしました。当時の特筆すべき事情としては、憲法調査特別委員会の与野党委員が２００５年11月、オーストリア、スロバキア、スイス、スペインおよびフランスの５か国の国民投票制度の調査派遣に赴いたほか、同委員会の理事懇談会において、２００６年３月から５月にかけて計７回、国民投票法制の論点整理が網羅的、集中的に行われていたことが挙げられます。

理事懇談会の開催経過と時間

年月日	内容	時間
2006年3月30日	◎論点整理一覧表の配付、法制局説明（次回までに各会派が意見を出すことに）	1時間45分
2006年4月6日	◎各会派の意見を踏まえた論点整理一覧表（改訂版）の配付、法制局説明	0時間13分
2006年4月13日	◎論点整理一覧表（改訂版）に関して、各会派からの意見聴取	2時間05分
2006年4月20日	◎前回の議論をまとめた資料である論点整理対比表を配付、法制局説明 ◎論点整理対比表について議論	1時間36分
2006年4月27日	◎論点整理対比表（第2版）の配付、法制局説明 ◎論点整理対比表（第2版）に関して各会派からの意見聴取	1時間50分
2006年5月11日	◎論点整理対比表（第3版）について議論	1時間25分
2006年5月18日	◎論点整理対比表（第4版）の配付、法制局説明 ◎今後の論点整理のあり方について議論	0時間30分
	（計）	9時間24分

（出典）筆者作成

「幅広い合意」という立法の礎

国民投票法は、法律という形式である以上、「議員の数の力」を頼りに与党会派だけで成立を図ることも不可能ではありませんでした（憲法第56条、第59条第1項）。しかし、①国の最高法規（憲法第98条第1項）である憲法の改正手続を定め、国民主権主義に直結するという法律の重要な性格を無視できないこと、②何より、憲法改正の発議は与党会派だけでは不可能（単独で「総議員の3分の2以上」という要件を超えられない）であり、国民投票法の整備が将来の発議のテストケースと位置づけられていたことなどを踏まえ、理事懇談会に臨んだ議員は、党派性が染み付くことがないよう、全会派が一致した形（ないし、限りなくそれに近い状態）で国民投票法の制定を実現することを模索、追求していました。与野党会派が国民投票法案を「共同提出」することを暗黙の了解事項とし、期限を切ることなく合意形成を進めていたのです。理事懇談会に臨むに当たり、各党会派は個別に国民投票法制の論点整理ないし法案大綱の作成などを進めていた時期でもありましたが、少なくとも理事懇談会の場では、「法案の単独提出は、百害あって一利なし」との共通認識が根付いていました。

しかし、このような協調路線を脇に置いて、与野党双方で国民投票法の制定を「政局化」させる（各党会派にとって有利か不利かを測る）策動が収まりきらず、国民投票法案を共同提出する構想はいったん、破談となってしまいました。この結果、２００６年5月26日、衆議院会派の自由民主党、公明党が共同して「日本国憲法の改正手続に関する法律案」（第１６４回国会衆法第30号）を、民主党・無所属クラブが「日本国憲法の改正及び国政における重要な問題に係る案件の発議手続及び国民投票に関する法律案」（第１６４回国会衆法第31号）を提出しました。この時点で両案には、国民投票権年齢（18歳以上か、20歳以上か）、国民投票の対象（憲法改正に限るか、重要な国政問題の案件も対象とするか）、過半数の意義（その分母は投票総数か、有効投票数か）などの論点で相違が見られました。

第１６６回国会（常会、２００７年1月25日召集）に入り、与野党会派間で両案の「一本化」を目指す動きもみられましたが、「政局化」の策動が再び巻き起こり、結実しませんでした。最終的には、自由民主党、公明党が両案を併合して修正する案（自公併合修正案）を提出し（２００７年3月27日）、衆議院で可決の上（同年4月13日）、参議院で可決、成立しました（同年5月14日）。成立した国民投票法は同年5月18日に公布され、3年後の２０１０年5月18日に全面施行されました。なお、立法過程の最終段階において、民主党・無所属クラブが衆法第31号の修正案を自公併合修正案の対案として提出しています（2007年4月10日）。参議院会派の民主党・新緑風会も、衆議院段階の修正案とほぼ同内容の法案を提出しています（同年5月8日）。最終的には、自公併合修正案との間で次の5つの対立論点が残りました。

参議院の附帯決議

SECTION 55で示したとおり、参議院日本国憲法に関する調査特別委員会は、自公併合修正案の採決に合わせて、18項目に及ぶ附帯決議を付しています（2007年5月11日）。

自公併合修正案と民主案の対立論点

論点	自公併合修正案	民主案
1. 一般的国民投票の検討	法律の附則に規定（憲法改正問題予備的国民投票）	法律の本則に規定（国政問題国民投票）
2. 18歳国民投票権の実現	経過期間（3年）を置く	経過期間を置かない
3. 公務員の政治的行為の禁止規定	適用除外規定を置かない（附則で検討事項として定める）	適用除外規定を置く
4. 政党等に対する新聞広告無料枠	認める	認めない
5. 国民投票運動CM規制	投票期日14日前から投票日までの間とする	発議の日から投票期日まで全面禁止とする

（出典）筆者作成

※参議院民主案（2007年5月8日提出）はさらに、①国民投票で一度否決された憲法改正案を再度発議することには熟慮を要すること、②合同審査会の運営の経過に関して、各議院の憲法審査会長が適宜報告することを盛り込んでいた。

SECTION 57

投票箱

施行準備等に費やされた予算

約60億円を要した施行準備

国民投票法は2007年5月14日に成立し、同18日に公布され、公布の日から3年が経過した2010年5月18日に全面施行されました（2007年制定法附則第1条）。この3年間は、国民投票法の全面施行に向けた準備期間という位置付けでした。2010年5月18日以後は、国の制度として国民投票がいつ執行されてもおかしくない状態になり、必要な行政対応が求められることになります。政府は、施行準備を万全に済ませる必要が生じました。

2008年度から2010年度までの3か年度にかけて、「国民投票制度の施行準備」の名目で、国の予算として約60億円が費やされています。次の表はその内訳です。執行額の合計は、59億9500万円となります。その大半は、投票人名簿システムの構築に充てられました。

投票人名簿システムとは、国民投票を行うことになった場合に、国民投票法が定める有権者の要件を充たす者を抽出し、確定させ、投票所入場券の発送等を管理するためのものです。国ではなく、全国の市区町村が運用しています。このため、施行準備期間には、国から都道府県を通じ、すべての市区町村に対する交付金として予算が投じられました。投票人名簿システムは現在、全国すべての市区町村で運用可能な状態にあります。

国民投票制度準備等関係経費

2008年度		
予算額	72百万円	
執行額	26百万円	
(内訳)	投票人名簿システムの構築	8百万円
	リーフレット500万部作製、ホームページの構築	18百万円
2009年度		
予算額	4,694百万円	
執行額	4,441百万円	
(内訳)	投票人名簿システム構築交付金	4,430百万円
	投票人名簿システムに係る監査	6百万円
	投開票速報システムの構築	5百万円
2010年度		
予算額	2,123百万円(※鳩山内閣による、予算組替え後の数値)	
執行額	1,528百万円	
(内訳)	投票人名簿システム構築交付金	1,528百万円

(出典)筆者作成

SECTION 58 投票箱

2010年に生じた不完全施行状態

国民投票法（2007年制定法）は、2010年5月18日に全面施行されました。しかし、次に述べる①②の事情が原因で、同日を以て国民投票を正常に執行することができない状態に陥ってしまいました。国民投票法の歴史を語る上で、外すことのできないエピソードです。

原因①　国民投票権年齢の不確定問題

第一の原因は、国民投票権年齢が18歳以上か、20歳以上か、いずれにも確定しない状態に陥ったことです。この原因を突き止めるカギは、2007年制定法の本則第3条および附則第3条です。

第3条（投票権）
日本国民で年齢満18年以上の者は、国民投票の投票権を有する。

附則第3条（法制上の措置）・・・現在は削除

1　国は、この法律が施行されるまでの間に、年齢満18年以上満20年未満の者が国政選挙に参加することができること等となるよう、選挙権を有する者の年齢を定める公職選挙法、成年年齢を定める民法その他の法令の規定について検討を加え、必要な法制上の措置を講ずるものとする。

2　前項の法制上の措置が講ぜられ、年齢満18年以上満20年未満の者が国政選挙に参加すること等ができるまでの間、第3条、第22条第1項、第35条及び第36条第1項の規定の適用については、これらの規定中「満18年以上」とあるのは「満20年以上」とする。

本則の第3条は「18歳国民投票権」を定めていますが、無条件に実現することは想定していませんでした。附則第3条第1項が定めるように、施行されるまでの間（2010年5月17日までの間）に、選挙権年齢、成年年齢、その他の法定年齢に関して必要な検討を加え、18歳選挙権、18歳成年等を実現することがその「前提条件」になっていたのです。

そして附則第3条第2項は、第1項に定める法制上の措置が講じられ、18歳選挙権、18歳成年等が実現するまでの間、本則第3条が定める18歳国民投票権を「20歳国民投票権」と読み替える経過措置を定めていました。第1項が定める法整備期間（2007年5月18日から2010年5月17日までの3年間）において、改正公職選挙法（18歳選挙権）、改正民法（18歳成年）等の公布から施行までは、制度周知などのために一定の期間が置かれます。改正公職選挙法、改正民法等の施行日が、前記の法整備期間内に収まる可能性もゼロではありませんが、むしろ期限（2010年5月18日）を超えるであろうと、当時は想定されたのです。つまり、当該施行日までの間、20歳選挙権、20歳成年等のままですが、2010年5月18日を以て18歳国民投票権としてしまうと、これらの法定年齢との間に二歳の較差が生じてしまいます。

そこで、2010年5月18日以後、改正公職選挙法、改正民法等の施行日までの間は経過措置として「20歳国民投票権」とし（18歳国民投票権を先行させない）、国民投票権年齢、選挙権年齢、成年年齢等が不一致になる期間が生じないようにする措置を定めていたのです。

2007年制定法附則第3条の意義は前記のとおりですが、第1項の法整備期間内に、18歳選挙権、18歳成年等は実現しませんでした。同時に、第2項の「前項の措置が講じられ」という前提条件も成り立たなくなり（実際、措置は講じられていないため）、「20歳国民投票権」と読み替えることもできなくなってしまいました。結局、国民投票権年齢は、18歳以上か、20歳以上か、いずれにも確定しない状態に陥ってしまったのです（SECTION 24の図を再度確認して下さい）。

原因② 公務員が行う賛否の勧誘行為等の法的許容範囲の未確定

第二の原因は、公務員（国、地方）が行う賛否の勧誘行為（国民投票運動）等の法的な許容範囲に関する検討が行われず、どのような行為が「許され」、どのような行為が「許されない」のか、区分が不確かな状態に陥ったことです。この原因については、2007年制定法の附則第11条から読み解いていきます。

附則第11条（公務員の政治的行為の制限に関する検討）・・・現在は削除
国は、この法律が施行されるまでの間に、公務員が国民投票に際して行う憲法改正に関する賛否の勧誘その他意見の表明が制限されることとならないよう、公務員の政治的行為の制限について定める国家公務員法、地方公務員法その他の法令の規定について検討を加え、必要な法制上の措置を講ずるものとする。

そもそも、国・地方を問わず、「公務員が国民投票に際して行う憲法改正に関する賛否の勧誘その他の意見の表明」は、憲法第21条第1項が保障する言論・表現の自由の保障の下にあることは言うまでもありません。公務員は「全体の奉仕者」（憲法第15条第2項）であり、個々に政治的中立性が求められるゆえ、一定の政治的目的（特定の政党を支持する等）に基づく政治的行為（投票の勧誘運動等）を法律で禁止することは憲法上許容されるという判例法理が定着していますが、公務員が行う国民投票運動はその「奉仕者」としての属性が影響する以前に、主権者としての根本的地位に基づくものであり、その自由は可及的に保障されるべきです。

ＳＥＣＴＩＯＮ 33、34、35で解説していますが、国民投票法は、公務員の国民投票運動に関して、投票事務関係者や特定公務員によるもののほか（第１０１条、第１０２条）、公務員の地位を利用する態様のものを禁止するのみであり（第１０３条第１項）、基本的には国民投票運動等の自由を可及的に保障する立場を採っています。

しかし、国民投票法の制定当時、既に存在する公務員法制（国家公務員法、地方公務員法等で定められている政治的行為の制限規定の適用関係をめぐって、次の2つの問題が指摘されていました。

第一は、署名行為等を伴わない純粋な賛否の勧誘行為を想定した場合、国家公務員は許される一方、地方公務員は許されないという制度上の「不均衡」が生じることです。この点、地方公務員法第36条第2項本文は「…公の選挙又は投票において特定の人又は事件を支持し、又はこれに反対する目的をもって、次に掲げる政治的行為をしてはならない」とし、同条項第1号は「公の選挙又は投票において投票をするように、又はしないように勧誘運動をすること」と定めています。同条項に出てくる「公の投票」は、元々は住民投票を念頭に置いていますが、憲法改正国民投票も含むと解する余地があるのです。この解釈を当てはめると、地方公務員が行う前記の純粋な賛否の勧誘行為は、禁止されることになります。

他方、国家公務員の場合ですが、国家公務員法が委任する人事院規則14－7において一定の政治的目的の下でなされる政治的行為が規制されますが、同規則第5項各号が定める政治的目的においても、第6項各号が定める政治的行為においても「公の投票」ないし「国民投票」という文言が存しません。つまり、国家公務員による純粋な賛否の勧誘行為は許されることになります。さらに、憲法改正案に対する意見表明は、国家公務員法(人事院規則)、地方公務員法において禁止されません。まとめると下表のようになります。

第二は、第一で解説した国家公務員と地方公務員との間の不均衡を解消するべく、地方公務員が行う純粋な賛否の勧誘行為を容認するための法整備を行ったとしても、さらに、その「外延部分」に関わる問題が存在したことです。

すなわち、国家公務員、地方公務員いずれにおいても、賛否の勧誘行為に付随させたり、便乗する形で、公務員法制で禁止されている一定の政治的目的の下での政治的行為が行われるおそれがあるのです。賛否の勧誘行為という名目ですべてを容認してしまうと、公務員に求めら

国民投票運動等の許容性に関する国家公務員と地方公務員の比較(立法時)

国民投票運動	国家公務員	地方公務員
憲法改正案に対する意見表明	○許される	○許される
純粋な賛否の勧誘行為(公務員としての地位を利用せず、署名活動等を伴わない態様のもの)	○許される(人事院規則に規制条項なし)	×許されない(「公の投票」における賛否の勧誘行為(地方公務員法第36条第2項)に該当する)

(出典)筆者作成

れる政治的中立性の確保の観点から問題となるケースが生じます。

この点、運動主体である公務員にとっては、それが法的に許容される賛否の勧誘行為に止まるものかどうか、必ずしも判然としない場合が現出します。法制上、政治的行為の制限規定が存在し、違反行為に対しては「罰則」ないし「懲戒処分」が科されることになります。法の解釈・適用について不明確な点があるだけで、公務員一人ひとりに萎縮効果が及んでしまいます。

２００７年制定法附則第11条は、以上２つの問題をクリアするため、２０１０年５月17日までに、公務員が行う賛否の勧誘運動等に関して、「許される行為」と「許されない行為」を仕分けする法整備（国民投票法の一部改正）を国に命じた規定でした。しかし、法整備は、期限までに実現しませんでした。

憲法審査会の未始動

①②の原因を長く放置することになったのは、衆参両院で憲法審査会が始動しておらず、国民投票法の施行までに必要な法整備の工程について、国会の側でチェックが働かなかったことも大きく影響しています。

憲法審査会は本来、「国民投票法の公布の日以後始めて召集される国会の召集の日」に設置されて、運営をスタートさせなければなりませんでした（2007年制定法附則第1条ただし書）。つまり、国民投票法の公布日は2007年5月18日であることから、それ以後初めて召集される第167回国会（臨時会）の召集日（2007年8月7日）には衆参両院に設置され、運営を開始しなければならなかったのです。

しかし、衆参いずれも、委員数や議事運営等を定める「憲法審査会規程」の議決が行われず、憲法審査会の始動そのものが政治問題化していた時期もありました。「憲法審査会規程」の議決を受けて実際に始動したのは、第179回国会（臨時会、2011年10月20日召集）のことです。結果として、国民投票法が不完全施行状態から脱するタイミングを大幅に遅らせてしまいました。

SECTION 59

投票箱

2014年(第1次)改正の概要

不完全施行からの脱却をめざした「8党合意」

国民投票法は、2010年5月18日の全面施行日を以て、いったん不完全な施行状態に陥りました。国民投票権年齢が18歳以上か、20歳以上か、確定しないままでは国民投票を執行することができません。また、公務員(国、地方)が行う国民投票運動等の許容範囲が不明確なままでは、萎縮効果が及んでしまいます。不完全施行状態が続いた結果、憲法審査会の運営スタート(2011年10月)、政権再交代(2012年12月)などが契機となり、それから脱却するべく、同法改正に向けた検討が始まりました。

対応方針を最も早く確定させ、実行に着手したのは、日本維新の会でした。同会議員(衆議院会派)が単独で2013年5月16日、国民投票法改正案(第183回国会衆法第14号)を提出しています。18歳国民投票権を先行確定させることなどを内容としていました。

日本維新の会の提案が有力な梃子となり、その後、与党である自由民主党、公明党が同年12月18日、国民投票法改正の対応方針を確定したことで、各党会派間の幅広い合意を形成する機運が興りました。

２０１４年３月７日と20日の２回、全10党の実務者が参加する協議会が開かれ、国民投票法改正に関する論点整理と意見集約が行われました。協議の結果、国民投票法改正案の提出に賛成する８党（自由民主党、公明党、民主党、日本維新の会、みんなの党、結いの党、生活の党および新党改革）が次に示す「確認書」の内容に合意しています（２０１４年４月３日）。

2014（平成26）年4月3日

確　認　書

自由民主党、公明党、民主党、日本維新の会、みんなの党、結いの党、生活の党及び新党改革は、日本国憲法の改正手続に関する法律の一部を改正する法律案に関し、下記の項目について合意に至ったことを確認する。

記

（選挙権年齢の先行引き下げ）

1　選挙権年齢については、改正法施行後2年以内に18歳に引き下げることを目指し、各党間でプロジェクトチームを設置することとする。
また、改正法施行後4年を待たずに選挙権年齢が18歳に引き下げられた場合には、これと同時に、憲法改正国民投票の投票権年齢についても18歳に引き下げる措置を講ずることとする。

（第103条の罰則化の検討）

2　公務員等及び教育者の地位利用による国民投票運動の禁止規定の違反に対し罰則を設けることの是非については、今後の検討課題とする。

（地方公務員の政治的行為の制限強化）

3　地方公務員の政治的行為について国家公務員と同様の規制とすることについては、各党の担当部局に引き継ぐこととする。

（公務員が行う国民投票運動に対する配慮）

（出典）衆議院憲法審査会事務局『衆憲資第89号　日本国憲法の改正手続に関する法律の一部を改正する法律案（船田元君外7名提出・第186回国会衆法第14号）に関する参考資料』（2014年）4頁。各項目の見出しは筆者が付した。

4　改正法施行に当たり、国民投票運動を行う公務員に萎縮的効果を与えることとならないよう、政府に対して、配慮を行うことを求める。

（一般的国民投票制度の検討）

5　一般的国民投票制度の在り方については、衆参の憲法審査会の場において定期的に議論されることとなるよう、それぞれの幹事会等において協議・決定する。

以上

8党の確認書に法的拘束力は認められませんが、その後の18歳選挙権法の整備に至る、各党協議の基本的な枠組みが形成された点は、特筆すべきものがあります。そして、2014年4月8日、衆議院7会派が共同し、国民投票法改正案（第186回国会衆法第14号）を提出しました。法案は、同年6月13日、参議院本会議で可決、成立し、同月20日に公布されました（法律第75号）。4年1か月間続いた不完全施行状態は、ようやく正常回復に至ったのです。

2014年(第1次)改正の概要

2014年改正法の概要は、次に示すとおりです。

1 選挙権年齢等の18歳への引下げ関係

(1) 国民投票の投票権年齢に係る経過措置規定等の削除及び検討条項の再規定

① 既に期限が徒過している憲法改正国民投票の投票権年齢に係る経過措置規定等(制定法附則3条)を削除する。

② 選挙権年齢等の引下げ(公職選挙法、民法等の改正)については、改めて、「改正法施行後速やかに、投票権年齢と選挙権年齢の均衡等を勘案し、必要な法制上の措置を講ずるものとする」旨の検討条項を、改正法附則に設ける。

(2) 経過措置

改正法施行後4年を経過するまでの間、憲法改正国民投票の投票権年齢は「20歳以上」とする。

2 公務員の政治的行為に係る法整備関係

(出典)衆議院憲法審査会事務局『衆憲資第89号 日本国憲法の改正手続に関する法律の一部を改正する法律案(船田元君外7名提出・第186回国会衆法第14号)に関する参考資料』(2014年)2−3頁。

(1) 純粋な勧誘行為及び意見表明についての国家公務員法等の特例並びに組織的勧誘運動の企画等に関する検討条項

① 公務員が行う国民投票運動については、賛成・反対の投票等の勧誘行為及び憲法改正に関する意見表明としてされるものに限り、行うことができる。ただし、当該勧誘行為が公務員に係る他の法令により禁止されている他の政治的行為を伴う場合は、この限りでない。

② 組織により行われる勧誘運動、署名運動及び示威運動の公務員による企画、主宰及び指導並びにこれらに類する行為に対する規制の在り方については、「改正法施行後速やかに、公務員の政治的中立性及び公務の公正性を確保する等の観点から、必要な法制上の措置を講ずるものとする」旨の検討条項を、改正法附則に設ける。

(2) 特定公務員の国民投票運動の禁止

裁判官、検察官、公安委員会の委員及び警察官は、在職中、国民投票運動をすることができないものとする。

その違反に対し、罰則(6月以下の禁錮又は30万円以下の罰金)を設ける。

3　国民投票の対象拡大についての検討関係

○憲法改正問題についての国民投票制度に関する検討条項の再規定

憲法改正問題についての国民投票制度については、改めて、「その意義及び必要性について、更に検討を加え、必要な措置を講ずるものとする」旨の検討条項を改正法附則に設ける。

4　施行期日等

(1)　この法律は、公布の日から施行する。

(2)　その他所要の規定の整理を行う。

衆参憲法審査会の附帯決議

SECTION 55で示したとおり、衆参の憲法審査会で附帯決議が付されています。

SECTION 60

投票箱

2021年（第2次）改正の概要

公職選挙法の制度水準に合わせる必要

2014年改正は、法の不完全施行状態から脱却する目的で行われたものですが、2021年改正は、4度にわたる公職選挙法改正（2016年）が先行したことによる投票環境の向上策等を国民投票制度でも補完するために行われました。

そもそも、選挙権も国民投票権も、政治参加の権利としては同種であり、その投票環境において差異が生じることには、何ら合理性が認められません。また、実務の上でもかなりの部分が共通しています。仮に、選挙と国民投票が同一の期日に行われたり、運動期間が重なる事態になると、その差異のために実務は都度混乱し、投票人は両制度間のアンバランスによる不利益を被ってしまいます。

改正案は、衆議院会派の自由民主党、公明党、日本維新の会および希望の党が2018年6月27日に共同提出したものの（第196回衆法第42号）、審査は滞り、第204回国会まで連続8回、閉会中審査（議案継続）となりました。法案はようやく

2021年5月11日、衆議院本会議で修正議決、同年6月11日、参議院本会議で可決、成立し、同月18日に公布されました(法律第76号)。公布の日から起算して3か月を経過した日、すなわち2021年9月18日に施行されました(2021年改正法附則第1条本文、一部を除く)。もっとも、立法過程を見れば、従来との違いが際立っています。2007年制定法、2014年改正法は、各党会派間の幅広い合意に基づいて整備されましたが、2021年改正は十分な合意形成のプロセスを経たとは言い難く、とくに衆議院段階では実質的な法案審査に入るまで2年5か月を要するなど、意図した政局的混乱が続きました。次回改正に向けた議論の進め方、合意形成のあり方に、課題を残したといえます。

なお、国民民主党・無所属クラブ(衆議院会派)は2019年5月21日、政党等による放送広告・インターネット広告の禁止、国民投票運動収支の透明化などを柱とした独自の改正案を、前記の自公維希案の「対案」として提出しました(原口一博議員外2名提出・第198回国会衆法第9号)。第204回国会まで連続6回、閉会中審査となりましたが、同党は解散し、提出者3名全員が立憲民主党に異動し(2020年9月)、法案の取扱い方針が一貫しなくなったなどの事情が重なり、憲法審査会への付託には至らず、廃案となっています。

2021年改正法の概要

2021年改正法の概要は、次に示すとおりです。

一 投票環境向上のための公職選挙法改正並びの改正

1 投票人名簿等の縦覧制度の廃止及び閲覧制度の創設

投票人名簿及び在外投票人名簿の内容確認手段について、個人情報保護の観点から、従来の縦覧制度を廃止し、閲覧できる場合を明確化、限定した新たな閲覧制度を創設すること。

・投票人名簿等の抄本の閲覧をできる事由を法律上明記すること。

・閲覧を拒むに足りる相当な理由があると認められるときは、閲覧を拒むことができるものとすること。

・不正閲覧対策に関する措置（罰則や過料を含む。）を法律上規定すること。

2 「在外選挙人名簿」の登録の移転の制度（出国時申請）の創設に伴う国民投

票の「在外投票人名簿」への登録についての規定の整備出国時に市町村の窓口で在外選挙人名簿への登録を申請できる制度（出国時申請）が新たに創設されたが、これを利用して、国民投票の投票日の50日前の登録基準日直前に出国した場合に、国民投票の在外投票人名簿に反映されない場合があり得るので、この「谷間」を埋めるための法整備を行うこと。

3　共通投票所の創設

投票の当日、市町村内のいずれかの投票区に属する投票人も投票することができる共通投票所を設けることができる制度を創設すること。

4　期日前投票関係

①期日前投票事由の追加

期日前投票事由に「天災又は悪天候により投票所に到達することが困難であること」を追加すること。

②期日前投票所の投票時間の弾力的設定

開始時刻（8時30分）の2時間以内の繰上げ及び終了時刻（20時00分）の2時間以内の繰下げを可能とすること。

（出典）衆議院憲法審査会事務局『衆憲資第96号 日本国憲法の改正手続に関する法律の一部を改正する法律案（細田博之君外7名提出、第196回国会衆法第42号）に関する参考資料』（2018年）4−5頁。

5　洋上投票の対象の拡大
外洋を航行中の船員について、ファクシミリ装置を用いて投票することができるようにする洋上投票制度について、①便宜置籍船等の船員及び②実習を行うため航海する学生・生徒も対象とすること。

6　繰延投票の期日の告示の期限の見直し
天災等で投票を行うことができないとき又は更に投票を行う必要があるときに行う繰延投票の期日の告示について、少なくとも5日前に行うこととされていたものを少なくとも2日前までに行えば足りることとすること。

7　投票所に入場可能な子どもの範囲の拡大
投票所に入ることができる子どもの範囲を、「幼児」から「児童、生徒その他の18歳未満の者」に拡大すること。

二　施行期日等

1　施行期日
この法律は、公布の日から起算して3月を経過した日から施行すること。

2　改正後の規定は、この法律の施行の日以後に登録基準日がある国民投票について適用し、この法律の施行の日前に登録基準日がある国民投票については、なお従前の例によること。

3 その他
その他所要の規定を整備すること。

なお、法案の当初案は、郵便投票（国内）の対象を要介護5から要介護3まで拡大する内容を含めて検討されていましたが、提出予定会派の一部に異論が生じ、除外されています。また、SECTION 47、51で解説しましたが、法案の修正により、次のような検討条項が置かれています（附則第4条）。この規定は、公布の日から施行されています（附則第1条ただし書）。

（検討）
第4条 国は、この法律の施行後3年を目途に、次に掲げる事項について検討を加え、必要な法制上の措置その他の措置を講ずるものとする。
一 投票人の投票に係る環境を整備するための次に掲げる事項その他必要な事項

イ　天災等の場合において迅速かつ安全な国民投票（日本国憲法の改正手続に関する法律（次号イにおいて「国民投票法」という。同号において同じ。）の開票を行うための開票立会人の選任に係る規定の整備

ロ　投票立会人の選任の要件の緩和

二　国民投票の公平及び公正を確保するための次に掲げる事項その他必要な事項

イ　国民投票運動等（国民投票法第100条の2に規定する国民投票運動又は国民投票法第14条第1項第1号に規定する憲法改正案に対する賛成若しくは反対の意見の表明をいう。ロにおいて同じ。）のための広告放送及びインターネット等を利用する方法による有料広告の制限

ロ　国民投票運動等の資金に係る規制

ハ　国民投票に関するインターネット等の適正な利用の確保を図るための方策

「3年間」の意義と憲法改正原案審査の可能性

附則第4条各号が掲げる事項に関して、検討の上、必要な法整備を行う目途として「3年」という期間が定められたことにより、この間、衆参の憲法審査会では国民投票

法改正に関する議論が優先するのか（憲法改正に向けた具体的な各論の議論が排除されるのか）どうか、各党会派間で意見の一致をみていません。

まず確認しなければならないのは、附則第4条の法的解釈として、「3年」の間、憲法改正論議を封印するという結論を導き出すことはできない点です。あくまで政治問題であり、国民投票法改正（第3次）に向けた議論と並行して（憲法審査会にテーマごとの小委員会を設けるなどして）、憲法改正論議を進めることは可能です。もっとも現実的には、SECTION 02で解説した多人多脚走の枠組みが成立しない間は、議論は有意に進みません。さらに指摘しなければならないのは、附則第4条の規定に対応する法整備に、「3年」もの期間を要しないという点です。第1号イ、ロに対応する法整備（国民投票法第76条、第49条の改正）は、内容が確定しているので、第2次改正法施行後の国会で速やかに行うことが可能です。この点の法整備が遅れれば、その後投票環境の向上等を目的とした公職選挙法改正が行われた場合、選挙と国民投票との間でさらなる制度間較差を生んでしまいます。また、第2号イ～ハに対応する法整備に関しても、国民民主党・無所属クラブが2019年5月21日に提出した法案の内容が施策各論を網羅した例として十分参考となります。「3年」というと8回程度の国会会期を跨ぐことになりますが、２００７年制定法でさえ3回の国会会期（審議期間1年）を以て成立に至っている経緯からすれば、合理的とは言えません。「3年」を楯に取って、諸々の議論を徒に遅延させるべきではなく、何より第3次改正に向けて、議論に明確な輪郭を持たせることが肝要です。

日本維新の会（参議院会派）は、附則第4条の存在によって国会における憲法改正論議が停滞することを危惧し、２０２１年6月9日の参議院憲法審査会において、附則第4条に第2項を追加する修正（解釈規定）として、「前項の規定（第1項）は、国会が、同項に規定する措置が講ぜられるまでの間において、日本国憲法の改正案の原案について審議し、日本国憲法の改正の発議をすることを妨げるものと解してはならない。」とする案（動議）を提出しましたが、同日、否決されています（仮に、後の本会議も含めて参議院で修正議決すると、衆議院に回付され、衆議院の本会議で再び議決する必要が生じるため（国会法第83条等）、とくに会期末では各党会派の同意が困難な修正案でした）。目途とされる「3年」を経過してもなお、附則第4条の検討、措置が行われない場合には、法が想定していない事態となり、ＳＥＣＴＩＯＮ 58で解説したような不完全施行状態に再び陥ることになります。

付録

国民投票法制関係年表

国民投票法制関係年表

国会回次	年月日	国民投票法制関係事項（年齢条項の見直しに関する動きを含む）
140	1997.5.3	憲法施行50年
	5.23	憲法調査委員会推進議員連盟、発足（衆議院議員269名、参議院議員105名が参加。会長に中山太郎衆議院議員を選出）
145	1999.5.26	憲法調査委議連、「憲法調査推進議員連盟」と改称
147	2000.1.20	衆参各院に憲法調査会設置
153	2001.11.16	憲法調査推進議連、「国会法の一部を改正する法律案」「日本国憲法改正国民投票法案」（議連案）を公表
159	2004.4.21	国民投票法等に関する与党実務者会議（自民党・公明党）、初会合（同年11月30日まで計9回開催）
161	12.3	与党実務者会議、議連案の修正について合意（最初の自公案）
162	2005.4.15	（衆）憲法調査会、「衆議院憲法調査会報告書」を河野洋平議長に提出
	4.20	（参）憲法調査会、「参議院憲法調査会報告書」を扇千景議長に提出
	4.25	民主党、「憲法改正国民投票法制に係る論点とりまとめ案」を公表
163	9.21	社民党、「憲法改正国民投票法案について（案）」（論点整理）を公表
	9.22	（衆）日本国憲法に関する調査特別委員会、設置
164	2006.1.20	（衆）日本国憲法に関する調査特別委員会理事懇談会、国民投票法制の論点整理に関する初会合（同年5月18日まで計7回開催）
	4.18	国民投票法等に関する与党協議会、「日本国憲法の改正手続に関する法律案（仮称）骨子」を了承
	5.16	民主党憲法調査会衆参合同会議、「日本国憲法の改正及び国政における重要な問題に係る発議手続及び国民投票に関する法律案（仮称）・大綱（案）」を了承
	5.19	国民投票法与党協議会、「日本国憲法の改正手続に関する法律案・大綱（案）」を了承
	5.26	（衆）自民党・公明党、「日本国憲法の改正手続に関する法律案」を提出（保岡興治議員外5名提出・第164回国会衆法第30号）
	5.26	（衆）民主党・無所属クラブ、「日本国憲法の改正及び国政における重要な問題に係る案件の発議手続及び国民投票に関する法律案」を提出（枝野幸男議員外3名提出・第164回国会衆法第31号）
165	10.26	（衆）日本国憲法に関する調査特別委員会の下に、「日本国憲法の改正手続に関する法律案等審査小委員会」を設置
166	2007.1.25	（参）日本国憲法に関する調査特別委員会、設置
	3.27	（衆）自民党・公明党、衆法第30号・第31号の併合修正案を提出（保岡興治議員外3名提出）
	4.10	（衆）民主党・無所属クラブ、衆法第31号の修正案を提出（枝野幸男議員外2名提出）
	4.12	（衆）日本国憲法に関する調査特別委員会、併合修正案を可決
	4.13	（衆）本会議、併合修正案を可決（参議院に送付）
	5.3	憲法施行60年

	5.8	(参)民主党・新緑風会、「日本国憲法の改正及び国政における重要な問題に係る案件の発議手続及び国民投票に関する法律案」を提出(小川敏夫議員外4名提出・第166回国会参法第5号)
	5.11	(参)日本国憲法に関する調査特別委員会、併合修正案を可決(附帯決議18項目)
	5.14	(参)本会議、併合修正案を可決(成立)
	5.17	年齢条項の見直しに関する検討委員会、初会合
	5.18	国民投票法 公布(法律第51号)、一部施行(「3つの宿題」の始期等)
167	8.7	国民投票法 一部施行(国会法改正部分等)
168	11.1	年齢条項委員会、第2回会合
169	2008.2.13	鳩山邦夫法相、成年年齢の引下げについて法制審議会に諮問(第84号)
171	2009.2.12	年齢条項委員会、第3回会合
	6.11	(衆)本会議、「衆議院憲法審査会規程」を議決
173	10.28	法制審議会、「民法の成年年齢の引下げについての意見」を千葉景子法相に答申
174	2010.4.20	年齢条項委員会、第4回会合
	5.18	国民投票法 全面施行
177	2011.5.18	(参)本会議、「参議院憲法審査会規程」を議決
180	2012.2.24	年齢条項委員会、第5回会合
183	2013.5.16	(衆)日本維新の会、「日本国憲法の改正手続に関する法律の一部を改正する法律案」を衆議院に提出(馬場伸幸議員外3名提出・第183回国会衆法第14号)
185	6.5	年齢条項委員会、第6回会合
185閉	10.18	年齢条項委員会、第7回会合
	12.18	自民党・公明党、国民投票法改正案(与党案)の内容について合意
186	2014.3.7	全党実務者協議(自民・公明・民主・維新・みんな・結い・共産・生活・社民・改革)、第1回会合
	3.12	自民党憲法改正推進本部、与党案の修正を決定
	3.20	全党実務者協議、第2回会合
	4.3	日本国憲法の改正手続に関する合同会議(自民・公明・民主・維新・みんな・結い・生活・改革)、5項目の「確認書」について合意
	4.8	(衆)自民党外6会派、「日本国憲法の改正手続に関する法律の一部を改正する法律案」(第1次改正法案)を衆議院に提出(船田元議員外7名提出・第186回国会衆法第14号)
	4.10	(衆)憲法審査会、日本維新の会提出の「日本国憲法の改正手続に関する法律の一部を改正する法律案」の撤回を許可
	5.8	(衆)憲法審査会、第1次改正法案を可決(附帯決議7項目)
	5.9	(衆)本会議、第1次改正法案を可決(参議院に送付)
	6.11	(参)憲法審査会、第1次改正法案を可決(附帯決議20項目)
	6.13	(参)本会議、第1次改正法案を可決(成立)

国会回次	年月日	国民投票法制関係事項（年齢条項の見直しに関する動きを含む）
	6.19	選挙権年齢に関するプロジェクトチーム（自民党外7党）、初会合
	6.20	第1次改正法 公布（法律第75号）、施行
187	11.19	（衆）自民党外6会派、「公職選挙法等の一部を改正する法律案」（18歳選挙権法案）を提出（船田元議員外7名提出・第187回国会衆法第21号）※衆議院解散により廃案（11.21）
189	2015.3.5	（衆）自民党外6会派、18歳選挙権法案を衆議院に再提出（船田元議員外7名提出・第189回国会衆法第5号）
	〃	自民党政調、成年年齢に関する特命委員会を設置
	6.2	（衆）政治倫理の確立及び公職選挙法改正に関する特別委員会、18歳選挙権法案を可決
	6.4	（衆）本会議、18歳選挙権法案を可決（参議院に送付）
	6.15	（参）政治倫理の確立及び選挙制度に関する特別委員会、18歳選挙権法案を可決（附帯決議3項目）
	6.17	（参）本会議、18歳選挙権法案を可決（成立）
	6.19	18歳選挙権法 公布（法律第43号）
	9.16	（衆）民主党・無所属クラブ、「公職選挙法及び日本国憲法の改正手続に関する法律の一部を改正する法律案」を提出（黒岩宇洋議員外2名提出・第189回国会衆法第41号）※2016.3.30 撤回許可
	9.17	自民党政調、「成年年齢に関する提言」を公表
191閉	2016.9.1	民法の成年年齢の引下げの施行方法に関する意見募集（～ 9.30）
193	2017.2.9	金田勝年法相、少年法上限年齢の引下げ等について法制審議会に諮問（第103号）
	5.3	憲法施行70年
	6.19	18歳選挙権法 施行
195	11.29	自民党若年成人の教育・育成に関する特命委員会、「成年年齢引き下げに関する提言」を公表
196	2018.3.13	内閣、「民法の一部を改正する法律案」（18歳成年法案、閣法第55号）を国会提出
	3.16	さいたま市議会、「国民投票制度の改善に向けた取組を求める意見書」を可決
	5.25	（衆）法務委員会、18歳成年法案を可決
	5.29	（衆）本会議、18歳成年法案を可決（参議院に送付）
	6.12	（参）法務委員会、18歳成年法案を可決（附帯決議10項目）
	6.13	（参）本会議、18歳成年法案を可決（成立）
	6.20	18歳成年法 公布（法律第59号）
	6.27	（衆）自民党外3会派、「日本国憲法の改正手続に関する法律の一部を改正する法律案」（第2次改正法案）を提出（細田博之議員外7名提出・第196回国会衆法第42号）※後の提出者変更により「逢沢一郎議員外5名提出」

196閉	9.20	一般社団法人日本民間放送連盟(民放連)理事会、国民投票運動CMの量の自主規制を行わない方針を確認
197	11.2	民放連、「国民投票運動CMの「自主規制」に関する考え方について」を公表
197閉	12.20	民放連、「憲法改正国民投票運動の放送対応に関する基本姿勢」を公表
198	2019.3.20	民放連、「国民投票運動CMなどの取り扱いに関する考査ガイドライン」を公表
	5.21	(衆)国民民主党・無所属クラブ、「日本国憲法の改正手続に関する法律の一部を改正する法律案」を提出(原口一博議員外2名提出・第198回国会衆法第9号)
200	2019.12.9	自民党内閣部会成人式WG、提言を森雅子法相に提出
201	2020.3 (持ち回り開催)	成年年齢引下げを見据えた環境整備に関する関係府省庁連絡会議・成人式の時期や在り方等に関する分科会、「成人式の時期や在り方等に関する報告書」を公表
	5.18	国民投票法 全面施行10年
201閉	7.30	与党・少年法検討PT、「少年法のあり方についての与党PT合意(基本的な考え方)」を了承
	9.9	法制審議会少年法・刑事法(少年年齢・犯罪者処遇関係)部会、答申案を決定
203	10.29	法制審議会、少年法上限年齢の引下げ等について上川陽子法相に答申
204	2021.2.19	内閣、「少年法等の一部を改正する法律案」を国会提出(閣法第35号)
	4.16	(衆)法務委員会、少年法等改正法案を可決(附帯決議5項目)
	4.20	(衆)本会議、少年法等改正法案を可決(参議院に送付)
	4.23	自民党競争政策調査会、「デジタル広告市場の健全な発展のためのルール整備のあり方」(提言)を公表
	4.27	内閣官房デジタル市場競争会議、「デジタル広告市場の競争評価 最終報告」を公表
	5.6	(衆)立憲民主党・無所属、第2次改正法案の修正動議を提出
	〃	(衆)憲法審査会、第2次改正法案を修正議決
	5.11	(衆)本会議、第2次改正法案を修正議決(参議院に送付)
	5.20	(参)法務委員会、少年法等改正法案を可決(附帯決議8項目)
	5.21	(参)本会議、少年法等改正法案を可決(成立)
	5.28	少年法等改正法 公布(法律第47号)
	6.09	(参)日本維新の会、衆議院送付案の修正動議を提出(同日否決)
	〃	(参)憲法審査会、衆議院送付案を可決
	6.11	(参)本会議、衆議院送付案を可決(成立)
	6.18	第2次改正法 公布(法律第76号)※附則第4条は即日施行
204閉	9.18	第2次改正法 施行
**	2022.4.1	18歳成年法 施行
**	同	少年法等改正法 施行
**	2027.5.3	憲法施行80年

■著者紹介

南部《なんぶ》　義典《よしのり》　国民投票総研 代表

1971年生まれ。衆議院議員政策担当秘書、慶應義塾大学大学院法学研究科講師（非常勤）等を経て、2020年より現職。専門は国民投票法制、国会法制、立法過程。

○単著

『図解超早わかり 18歳成人と法律』（C&R研究所、2019年）

『図解超早わかり 国民投票法入門』（C&R研究所、2017年）

『Q&A解説 憲法改正国民投票法』（現代人文社、2007年）

○共著

『9条改正論でいま考えておくべきこと（別冊法学セミナーNo.255）』（日本評論社、2018年）

『広告が憲法を殺す日 ―国民投票とプロパガンダCM―』（集英社新書、2018年）

『18歳成人社会ハンドブック ―制度改革と教育の課題―』（明石書店、2018年）

『18歳選挙権と市民教育ハンドブック〔補訂版〕』（開発教育協会、2017年）

『動態的憲法研究』（PHPパブリッシング、2013年）

○ポータルサイト　https://nambu2116.officialblog.jp/

編集担当：西方洋一 / カバーデザイン：秋田勘助（オフィス・エドモント）

改訂新版　超早わかり国民投票法入門

2021年11月1日　　初版発行

著　者　南部義典

発行者　池田武人

発行所　株式会社　シーアンドアール研究所

新潟県新潟市北区西名目所4083-6（〒950-3122）

電話　025-259-4293　　FAX　025-258-2801

印刷所　株式会社　ルナテック

ISBN978-4-86354-365-2 C2032

落丁・乱丁が万が一ございました場合には、お取り替えいたします。弊社までご連絡ください。